AS LEIS da FÉ

RYUHO OKAWA

AS LEIS da FÉ

UM MUNDO ALÉM DAS DIFERENÇAS

IRH Press do Brasil

Copyright © 2018 Ryuho Okawa
Título do original em japonês: *Shinkō no Hō –
Chikyūshin El Cantare towa*
Título do original em inglês: *The Laws of Faith –
One World Beyond Differences*
Tradução para o português: Happy Science do Brasil
Coordenação editorial: Wally Constantino
Revisão: Agnaldo Alves e Laura Vecchioli
Capa: Maurício Geurgas
Imagem de capa: IRH Press Japão

IRH Press do Brasil Editora Limitada
Rua Domingos de Morais, 1154, 1º andar, sala 101
Vila Mariana, São Paulo – SP – Brasil, CEP 04010-100

Todos os direitos reservados.
Nenhuma parte desta publicação poderá ser reproduzida, copiada, armazenada em sistema digital ou transferida por qualquer meio, eletrônico, mecânico, fotocópia, gravação ou quaisquer outros, sem que haja permissão por escrito emitida pela Happy Science – Ciência da Felicidade do Brasil.

ISBN: 978-85-64658-33-2

SUMÁRIO

Prefácio 13

CAPÍTULO UM
A capacidade de crer
Criar uma nova realidade para sua vida e para o mundo

1. **Minha vida dedicada à busca da Verdade**
   Quando chegou o momento para erguer-me como líder religioso, sofri com a falta de compreensão das pessoas ao redor 17
   Pouco depois dos 20 anos, descobri que só cobrava amor dos outros, sem dar nada em retribuição 21

2. **Como a Happy Science adquiriu uma grande força**
   Começar a Happy Science do zero e a luta para administrar a organização 24
   Por que a Happy Science prega ensinamentos de diferentes áreas 27
   De agora em diante vão ocorrer grandes milagres, em uma escala sem precedentes 29
   A Happy Science está criando tendências importantes no Japão 30
   Influenciar o mundo com a nossa maneira de pensar, os nossos ideais e o nosso poder de pensamento 32

3. **Realizar atividades para acabar com as guerras no mundo todo**
   Estamos em um período de transição entre duas grandes eras 36
   Trabalhando para acabar com a semente da discórdia que origina as guerras religiosas 38

Fornecer filosofias lógicas para superar potenciais
guerras na Ásia 39
O perdão e a reconciliação são possíveis somente porque existe
um Ser que está acima do homem 42

4. **A capacidade de crer opera milagres**
A Happy Science está se propagando também na Ásia e
na África 44
A dificuldade de ser aceito pela sociedade 48
Uma grandiosa força externa virá para aqueles que mantiverem
sua fé enquanto se concentram no esforço próprio 49
O Partido da Realização da Felicidade atua abertamente,
deixando claro seu vínculo com a Happy Science 51
O verdadeiro sentido da expressão "capacidade de crer"............53

Palavras que vão transformar o amanhã 1:
O poder ilimitado da fé e o milagre da cura

CAPÍTULO DOIS
Comece pelo amor
Seja um perito na ciência da vida resolvendo seu "caderno de exercícios"

1. **O desejo de ser amado é um instinto humano**
As pessoas costumam pensar: "Quero receber amor" 61
O desejo de ser amado pode se tornar a mola propulsora
para a dedicação 62
O desejo de ser amado também pode causar sofrimento 64
Muitas situações dificultam o ato de amar 66

2. **A dor que vem junto com o caderno de exercícios da vida e com a administração de uma organização**

O amor entre pais e filhos e o amor conjugal também têm problemas 69

Não ser compreendido quanto à escolha de funcionários, tendo em vista o crescimento da organização 72

A dificuldade de administrar uma organização: os exemplos de São Francisco de Assis e de Madre Teresa 74

Buda Shakyamuni e a prática do "amor que nutre" na administração organizacional 76

3. **Seja um perito na ciência da vida por meio do amor e da fé**

   Supere cada *koan* que surgir em sua vida, um por vez 79

   Estudar os ensinamentos religiosos para se tornar um perito na ciência da vida 80

   Mesmo que você não seja abençoado por milagres, mantenha o espírito de crer 82

   Nosso desafio para o futuro infinito: levar o mundo para mais perto do Reino de Deus 84

4. **Supere o ódio com o amor que perdoa**

   Mesmo que você odeie a atitude de uma pessoa, não odeie sua essência 85

   Alguns países ensinam seu povo a odiar as outras nações 86

   O contrário do amor é a inveja, que constitui a base do ódio 89

5. **O mundo precisa do amor de Deus**

   O amor do político deveria ser a vontade de fazer a população feliz 91

   Pratique o amor de Deus em suas palavras e atitudes diárias 93

Palavras que vão transformar o amanhã 2:
O amor serve para libertar a outra pessoa,
pois acredita na bondade de seu coração

CAPÍTULO TRÊS
O portal para o futuro
Use seus trinta mil dias de vida em prol do mundo

1. **Tenha um despertar na fase inicial de sua vida e estabeleça seus propósitos**
   Observe sua vida pela perspectiva dos trinta mil dias que você tem para viver 99
   Primeiro estabeleça seus propósitos e, depois, se convença a alcançá-los 101
   É extremamente difícil destacar-se no Japão, dentre mais de 120 milhões de habitantes 103

2. **A Happy Science é capaz de fazer previsões para o futuro**
   A evolução da Happy Science em mais de trinta anos e nossas previsões para os próximos anos 106
   Arranjar tempo para cultivar novos seguidores 110
   Por que tenho aparência jovem e pareço não envelhecer 112
   A previsão para a economia e a política mundiais: grandes turbulências em 2017 113
   O ponto forte do Partido da Realização da Felicidade é ter visão ..116
   A tolice de generalizar casos específicos 118
   Como interpretar as informações tendenciosas da mídia e tomar decisões com base nelas 120

3. **A chave que abre o portal para o futuro**
   Não se deixe enganar pelas filosofias e teorias que levam a sociedade e o indivíduo à degradação 123
   Esforce-se com tenacidade por toda a vida, tanto no trabalho como no lar 125

4. **Como será o seu futuro depois da morte?**
   Depois da morte existe o outro mundo 128

Seu estilo de vida vai mudar se você souber da existência do
Céu e do Inferno 129

A força da Verdade Búdica abre o caminho da salvação para
seus antepassados e parentes que estão perdidos 131

Partir para o trabalho missionário que salva a alma de
muitas pessoas 132

Palavras que vão transformar o amanhã 3:
Tenha uma forte convicção na riqueza

CAPÍTULO QUATRO
A religião mundial originária do Japão salvará a Terra

Construir uma nação que eliminará os conflitos deste planeta

1. **O espírito fundamental de uma nação vem da religião**

   É chegada a era da misericórdia e do amor 139

   Uma nação que rejeita a religião pode prosperar? 140

   Desejo estabelecer um pilar de espiritualidade em um Japão
   "à deriva" 141

   Não há futuro para um povo que não consegue mostrar
   o que é certo 142

2. **Sinta a luz e o momento de reestruturar sua vida**

   Como seres espirituais, os humanos se alojam em corpos físicos
   para viver no mundo terreno 144

   O juízo final como indivíduo que você vivenciará depois
   da morte 146

   A situação religiosa do Japão é bem diferente do padrão
   internacional 147

   O ser humano é filho de Deus/Buda e abriga em si parte da
   Luz divina 150

3. **A missão que o Japão deve cumprir como potência**
   A Teoria da Evolução é só uma hipótese, não a verdade 152
   As calamidades na Terra e a construção de uma nova civilização
   são dois lados da mesma moeda 154
   Nasci para anunciar um futuro de esperança 155

4. **Erradicar todos os conflitos mundiais**
   Minha verdadeira função é a de mestre do mundo 159
   As diferenças entre as religiões surgem das distintas habilidades
   espirituais de seus fundadores 160
   O deus chamado Elohim está na raiz das religiões mundiais 161
   A missão da Happy Science é acabar com os conflitos mundiais
   e, assim, possibilitar um futuro brilhante 163

Palavras que vão transformar o amanhã 4:
*Se uma cidade tiver cem pessoas que creem em mim,
ela não sofrerá uma catástrofe natural devastadora*

CAPÍTULO CINCO
O que é a fé no Deus da Terra
Viver na era da nova gênese terrestre

1. **El Cantare é o Deus da Terra**
   A Happy Science é mais do que apenas uma das muitas
   religiões japonesas 169
   A fé da Happy Science evoluiu de acordo com o tamanho da
   organização e seus ensinamentos 170
   É preciso haver mais um estágio de concentração da fé 173
   A fé em El Cantare consiste em reconhecer a existência do
   Deus da Terra 175
   É difícil enxergar a verdadeira imagem de El Cantare para quem
   vive na era do seu advento 176

2. **A verdade sobre o advento da consciência principal de El Cantare**

Em seu primeiro advento, recebeu o nome de "Alpha", e, no segundo, de "Elohim" 179

Alpha definiu o direcionamento da Verdade na Terra 180

Elohim mostrou a diferença entre a luz e as trevas, o bem e o mal ...181

O princípio da governança ensinado por Elohim 184

As almas ramos de El Cantare desceram inúmeras vezes
à Terra e criaram movimentos religiosos 186

3. **Estabelecer a fé no Deus da Terra no centro de todas as religiões**

A possibilidade de crise da humanidade e a intervenção vinda
do espaço 188

Deixo como legado as Leis da Terra, que guiarão a humanidade
no futuro 189

Eu tenho a responsabilidade final sobre a Terra 191

O verdadeiro significado da frase "No Céu e na Terra, sou o único
a ser reverenciado" 192

4. **Começa agora a nova gênese da Terra** 194

CAPÍTULO SEIS
A escolha da humanidade

Defender a liberdade e a democracia sob o Deus da Terra

1. **O século XXI: "paz e estabilidade" ou uma "seleção natural da humanidade"?**

A importância da minha primeira conferência no Tokyo Dome
após 22 anos 199

Alpha é o Deus da Origem e o Deus da Criação 202

No último milhão de anos, a humanidade presenciou a ascensão
e o declínio de sete civilizações 203

2. **O risco de uma guerra nuclear em diversas partes do mundo**
Pela terceira vez, o programa nuclear da Coreia do Norte
dá início a um momento crítico 205
A situação da Ásia e do Oriente Médio quanto à energia nuclear . 208
3. **A situação de vários países à luz da justiça mundial**
Estados Unidos 211
Rússia 211
China 211
Coreia do Norte 212
Japão 213
4. **A humanidade encontra-se hoje diante de uma importante encruzilhada**
O problema da separação entre a religião e o Estado em nações
livres e democráticas 214
O problema do monoteísmo nos países teocráticos 216
5. **Mensagem de El Cantare, o Deus da Terra** 219

Posfácio 223
O que é El Cantare? 224
O que é uma mensagem espiritual? 226
Sobre o autor 229
Sobre a Happy Science 233
Contatos 235
Partido da Realização da Felicidade 240
Universidade Happy Science 241
Filmes da Happy Science 244
Outros livros de Ryuho Okawa 247

PREFÁCIO

Este livro é a palavra de Deus.

   Estas são as palavras do deus que criou você – o deus da África antiga, do Oriente Médio e da Índia, e o deus do Antigo Testamento, do Novo Testamento e do Alcorão. Estas são também as palavras do Soberano do Céu, que consta na história de 5 mil anos da China, do deus do xintoísmo japonês que é anterior a *Kojiki*[1] e, também, do deus conhecido nos países nórdicos como Odin, o pai do Poderoso Thor e de Loki. Este é também o deus das Américas do Norte e do Sul.

   Este Deus Supremo único ergue-se acima dos deuses étnicos e de diversos outros deuses. Este é o maior Deus da Terra, que já foi chamado de Alpha, ficou conhecido como Elohim e hoje recebe o nome de El Cantare.

   Ó, povos do mundo todo, aceitem o surgimento do último e maior Salvador como um evangelho.

Ryuho Okawa
Dezembro de 2017

---

1 *Kojiki*: literalmente traduzido como "registro de assuntos antigos", é o livro mais antigo da história do Japão, e constitui uma espécie de bíblia do xintoísmo. (N. do T.)

Capítulo UM

A capacidade de crer

*Criar uma nova realidade
para sua vida e para o mundo*

• A CAPACIDADE DE CRER •

1
Minha vida dedicada à busca da Verdade

✧ ✧ ✧

Quando chegou o momento para erguer-me como líder religioso, sofri com a falta de compreensão das pessoas ao redor

Este capítulo baseia-se na palestra realizada na província de Ōita, no Dia da Fundação Nacional do Japão. De acordo com as diversas revelações espirituais fornecidas à Happy Science, as regiões de Ōita, Kumamoto e Miyazaki são locais com forte ligação com a origem do Japão. Tendo isso em mente, e como gratidão pelos contínuos 2.600 ou 2.700 anos de história japonesa, será uma grande satisfação conseguir explicar pelo menos uma parte da Verdade.

Intitulei este capítulo "A capacidade de crer", mas não pretendo abordar este tema de forma complicada. Porém, quando digo que não quero deixá-lo complicado, não significa que a qualidade será ruim ou que o conteúdo será superficial, mas que desejo torná-lo acessível a muitas pessoas.

Desde que a Happy Science iniciou suas atividades, em 1986, já se passaram mais de trinta anos. Na prática, como recebi as revelações do Mundo Celestial em 1981, temos trabalhado com o mundo da Verdade por mais de trinta anos. Com isso, é inevitável passarmos por anos de perseverança. De fato, ao dar continuidade às nossas atividades por um longo período de tempo, elas se tornaram familiares, e um número cada vez maior de pessoas passou a nos compreender.

Apesar de tudo, durante os primeiros anos de nossa fundação, as atividades da Happy Science restringiam-se a questões pessoais ou assuntos ligados à minha família ou a pessoas próximas a mim. Naquela época, tive todos os tipos de preocupação, exatamente como os seres humanos normais, e lembro que lutei arduamente para que os outros compreendessem certos assuntos que não podem ser explicados com facilidade.

De forma geral, as pessoas entendem quando um indivíduo larga o emprego para ir trabalhar em outra companhia ou dar início a uma nova carreira. Mas, no meu caso, eu desejava desligar-me da empresa e fundar uma nova religião, pois já haviam se passado cinco ou seis anos desde que comecei a receber revelações do Mundo Celestial. De cada dez pessoas do alto escalão que ouviam o meu pedido de desligamento da empresa, todas as dez opunham-se totalmente a ele. Elas até me pediram para ver algo que as ajudasse a entender melhor como

• A CAPACIDADE DE CRER •

funcionava o que eu pretendia fazer. Então, mostrei-lhes alguns volumes da Coletânea de Mensagens Espirituais que eu já havia publicado na época². Elas ficaram ainda mais surpresas. Todas perderam a fala e ninguém foi capaz de fazer um comentário pertinente. Seguiram-se muitas reações como: "É sério? Diga-me que é mentira" ou "Só entre nós, quero que diga que é mentira", mas eu sempre respondia: "É a pura verdade".

Provavelmente, para elas era muito difícil acreditar que um de seus colegas, com quem sempre trabalharam, era capaz de ouvir a voz da deusa Amaterasu³, do reverendo Nichiren⁴ ou de Jesus Cristo. Claro, elas podem muito bem ter ouvido em algum momento da vida que houve uma figura na História capaz dessa proeza. Seria aceitável como um acontecimento histórico, mas creio que nunca pensaram que aquilo poderia ocorrer com alguém bem próximo a elas nos dias de hoje. Parece que

---

2 Ver *Mensagem Espiritual de Nichiren*, *Mensagem Espiritual de Kūkai*, *Mensagem Espiritual de Jesus Cristo*, *Mensagem Espiritual da Deusa Amaterasu-Ō-Mikami*, entre outros. Atualmente essas mensagens estão compiladas nos volumes 1 a 7 de *Ryuho Okawa – Coletânea Completa de Mensagens Espirituais*.
3 Amaterasu-Ō-Mikami, a deusa do Sol, é uma divindade xintoísta nascida há cerca de 2.600 anos na atual província japonesa de Ōita e que se tornou a rainha de Takachiho. Desde seu retorno ao mundo espiritual, ela vem sendo cultuada como um espírito guia no xintoísmo.
4 Nichiren (1222-1282), fundador da seita Nichiren do budismo no século XIII, pregou sobre a devoção ao Sutra do Lotus. Segundo o budismo Nichiren, pode-se obter a iluminação na vida presente.

o impacto foi enorme. Elas não podiam imaginar que havia uma pessoa assim entre seus colegas de empresa, com quem costumavam conversar, trabalhar, almoçar ou discutir questões profissionais.

Lembro-me de que, mesmo na minha família, muitas pessoas ficaram confusas logo depois que fundei a Happy Science. Deve ter sido difícil para todos, pois faziam comentários ao meu respeito como: "Queria que pelo menos alguém fosse bem-sucedido na vida e se tornasse o pilar de sustentação da família, mas, então, ele resolveu entrar mesmo nessa área? Será que ele ficou assim porque o pai adorava as histórias do outro mundo?". Os problemas enfrentados pelos fiéis que ingressaram mais tarde na Happy Science, anos ou décadas depois daquela época, já haviam sido quase todos vivenciados por mim na fase inicial.

Além disso, mesmo depois de ter me desligado da empresa, eu recebia telefonemas de *headhunters*. Não sei como eles me localizavam; às vezes vinham me procurar ligando para a casa dos meus pais. Com frequência diziam: "Estamos fundando uma empresa com essas características e gostaríamos que se juntasse a nós" ou "Vamos lhe pagar o dobro ou triplo do que recebia, o quanto você quiser". Mas eu pensava: "Não é bem assim, não me desliguei por causa disso". Ao mesmo tempo, não conseguia explicar direito. Lembro que me sentia incomodado com isso.

Pouco depois dos 20 anos, descobri que só cobrava amor dos outros, sem dar nada em retribuição

As inseguranças que tive naquela época dependiam, no final, do ponto até onde eu conseguia acreditar nas vozes que vinham do Mundo Celestial. Se fosse apenas uma questão de ouvir vozes espirituais, há pessoas por todo o Japão com essa sensibilidade – desde Okinawa, no sul, até Aomori, no norte e em outras províncias. Há aqueles que atuam como médiuns de pequena influência em sua cidade e outros que fundaram religiões. Entretanto, na época eu não possuía nenhum histórico no âmbito da espiritualidade; portanto, era bem natural que eu não tivesse a autoconfiança necessária para saber o quanto poderia acreditar nessas vozes espirituais.

Por fim, tornei-me um líder religioso aos 30 anos, mas, para ser sincero, ao rever esse período de trinta anos, não encontrei nenhum motivo para sofrer um grande desvio do caminho em termos deste mundo ou razão para viver em meio a diversas tentações. Claro, eu estaria mentindo se dissesse que não passei por tentativas e erros, mas o fato é que em qualquer idade e em qualquer época da minha vida sempre busquei intensamente o caminho.

Nunca deixei de me esforçar na busca da Verdade e no autodesenvolvimento de alguma maneira. Também procurei me esforçar a todo custo para superar minhas deficiências e os pontos em que achava que estava errando, transformando minha personalidade, minha postura de vida e minha maneira de estudar e de trabalhar para ser alguém que deixasse as demais pessoas satisfeitas. E, ao ver pessoas passando por dificuldades, eu pensava: "Quero ajudá-las de alguma forma".

Comparando com quem sou agora, sinto que eu era mais agressivo quando jovem; costumava usar palavras ásperas e rigorosas. Mesmo assim, lá no fundo, sentia-me preenchido por uma imensa vontade de me transformar de algum jeito para ser mais útil ao mundo e realizar trabalhos que pudessem beneficiar muitas pessoas. Sou muito grato aos meus pais por terem me dado educação até a fase adulta, e sempre tive muita vontade de retribuir às pessoas que cuidaram de mim.

Além disso, percebi que, no período de vinte e poucos anos antes de pegar o caminho espiritual, eu havia recebido muitos favores de outras pessoas. Por outro lado, minha retribuição a elas era pouquíssima. Por mais de vinte anos, eu só cobrava amor das pessoas. Vivia dentro do "amor que cobra". Cresci cobrando diversas coisas dos outros. Nessa fase, meu corpo e meu orgulho cresceram, mas não dei quase nenhuma retribuição. É isso que senti na pele pouco depois dos 20 anos.

Em termos mundanos, nunca cometi nenhum ato criminoso, nem me lembro de ter prejudicado alguém intencionalmente. Contudo, quando fiz uma retrospectiva da minha vida até aquele momento, pensei: "Se eu morrer agora, minha situação é de débito com os outros, não dei nada em retribuição. Levei uma vida apenas de receber amor dos outros. Se eu preencher o balancete da vida, só terei dívidas. Isso é inadmissível".

Os jovens devem achar curioso alguém na sua faixa etária ter esses pensamentos, mas, na época, lembro-me de que revisei minha vida e percebi que só estava recebendo e não conseguia retribuir nada.

2
Como a Happy Science adquiriu uma grande força

✧ ✧ ✧

Começar a Happy Science do zero e a luta para administrar a organização

Durante muitos anos fui acumulando experiências de vida e também passei por diversas batalhas espirituais. São etapas que estão de acordo com as teorias comuns da formação de um grupo religioso.

Aos 30 anos, decidi tornar-me independente da empresa. Na época, não havia nenhuma base concreta sobre a qual eu pudesse me apoiar – nenhum grupo religioso já formado, não possuía patrimônio, terrenos ou imóveis. Na prática, eu estava em uma situação de "não ter nada".

Tudo o que eu tinha era a ajuda de pessoas que vieram de pontos dispersos de todo o Japão por terem acreditado em alguns livros que eu publicara. Mesmo assim, o que havia no coração delas ainda não era o que se pode chamar chama de "fé". Provavelmente, elas tomaram conhecimento da ocorrência de fenômenos místicos e vieram na esperança de encontrar o autor desses eventos. Em 23 de novembro de 1986, dei minha primeira palestra e girei pela primeira vez a Roda do Darma; na Happy Science esse evento é conhecido como "Dia do Primeiro Giro da Roda do Darma". Naquele dia, foi realizado um encontro na Associação Nippori de Vendedores de Bebidas Alcoólicas, em Tóquio, onde se reuniram pouco menos de noventa pessoas. Na época, era uma plateia modesta, mas fico muito feliz por, ainda hoje, haver membros daquele período que permanecem firmes como nossos fiéis.

O local do encontro era pequeno e ficou lotado de participantes que vieram de todo o país. Por isso, não havia sobrado nenhum corredor no salão pelo qual eu pudesse caminhar até a tribuna; tive de passar pela varanda estreita na lateral do recinto para chegar à frente. Lembro-me de que entrei em cena por meio dessa "perigosa corda bamba". Então, usei quase todo o tempo do evento, de cerca de duas horas e quarenta minutos, para realizar a palestra. Os espectadores não sabiam o que estava ocorrendo exatamente, mas creio que foram embora carregando pelo menos o pressentimento de que algo enorme estava surgindo. Essas quase noventa pessoas que vieram no início se tornaram o público central para quem eu realizei a primeira conferência[5] e o primeiro seminário[6]. Esse seminário foi realizado na beira do Lago Biwa para cerca

---

5 Conferência Comemorativa do Início da Happy Science *O Princípio da Felicidade*, realizada em 8 de março de 1987.
6 Seminário de Maio, realizado em 1987.

de cem pessoas. A maioria desses participantes se tornou funcionário da Happy Science. Isso demonstra o quanto era intenso o entusiasmo da fase inicial. Pessoas de diferentes profissões e experiências passaram a ser nossos funcionários, e quase todos aqueles que serviram de líderes de equipe durante as refeições no seminário viraram diretores. Essas foram as circunstâncias em que iniciamos nossas atividades.

No entanto, a equipe daquela época ainda não era um "exército regular", que havia passado por um treinamento intenso. Por isso, nos estágios iniciais de nossa organização ocorriam trocas frequentes no quadro de funcionários à medida que se associavam novos membros. Depois de passar por vários erros e tropeços na maneira de administrar a organização, finalmente as coisas começaram a fluir de forma intensa.

Em três anos, chegamos a ponto de realizar palestras em auditórios enormes. Assim, embora eu estivesse recebendo um poder gigantesco, nós precisávamos avançar lentamente em nosso trabalho neste mundo, acumulando experiência e realizações concretas, e com isso conquistar a confiança do público. Além disso, vivenciamos muitas vezes aquela situação descrita na Bíblia: "Os últimos serão os primeiros, e os primeiros serão os últimos" (Mateus, 20:16). Nem todos os que ingressavam na Happy Science no período inicial se tornavam líderes. Ao contrário, percebemos que cada vez mais surgiam pessoas altamente competentes dentre os que vieram depois, passados três, cinco ou dez anos da fundação.

Quanto mais a organização crescia, mais apareciam indivíduos talentosos, e isso deu origem a problemas de poder na hierarquia entre os membros mais antigos e os mais novos. Essa situação me proporcionou muitos aprendizados sobre a forma de administrar uma organização. Uma após a outra, juntavam-se a nós pessoas que eu nunca imaginei que iriam fazê-lo; por isso, em diversas ocasiões precisei me esforçar para conduzir nossa organização. Quando se trata de crença religiosa, na verdade muitas pessoas tropeçam em problemas operacionais. Isso se aplica não só à Happy Science, mas também aos demais grupos religiosos. Esses tropeços ocorrem não por causa de dúvidas acerca dos ensinamentos ou da doutrina, mas, muitas vezes, devido às falhas na administração. É muito difícil construir as bases de uma organização.

Por que a Happy Science prega ensinamentos de diferentes áreas

A Happy Science tem se lançado em diversas áreas novas, como a educacional, a política e a artística, entre outras. Cada vez que entramos em um novo setor, passamos por um período de inovações. Por outro lado, à medida que essas transformações ocorrem, algumas pessoas acham que a natureza da organização mudou. Elas estavam acostumadas com nosso modo antigo de estudar e realizar nossas atividades e, de repente, ficam confusas e não sabem mais o que fazer.

Por exemplo, eu publico livros dos mais variados temas[7], alguns com um conteúdo completamente diferente dos outros. Mas faço isso não para confundir aqueles que nos apoiam. No mundo, há indivíduos de diversas profissões e com interesses em vários ramos. Eu procuro abordar uma vasta gama de assuntos para que pessoas de diferentes interesses e estilos de vida variados possam se juntar a nós pelo caminho que lhes parecer interessante. Nesse sentido, todos os meus livros são importantes, embora nem todo mundo perceba isso.

Como citei na seção anterior, no começo da Happy Science publiquei a obra *Mensagem Espiritual da Deusa Amaterasu-Ō-Mikami*[8]. Uma pessoa que nos ajudou quando abrimos nosso primeiro escritório viu o título e me perguntou: "O que é Tenteru-Daijin[9]?". Lembro-

---

[7] Até novembro de 2017, o número de títulos publicados passava de 2.200.
[8] Atualmente é o volume 7 de *Ryuho Okawa – Coletânea Completa de Mensagens Espirituais*. Tokyo: Happy Science.
[9] Não era familiar para a pessoa em questão a sequência de ideogramas japoneses que constituem o nome da deusa Amaterasu que, em japonês, se lê Amaterasu-Ō-Mikami. Os ideogramas possuem diversas formas de ler e, para quem não sabia o nome da deusa, uma das leituras possíveis daqueles ideogramas seria esta: Tenteru-Daijin. Aqui entra em cena outra questão que explica a reação do autor mais adiante: "Tenteru-Daijin" soa um tanto hilário, e parece algo como "ministro do tempo bom". (N. do T.)

• A CAPACIDADE DE CRER •

me de que fiquei perplexo. É verdade que, depois da Segunda Guerra Mundial, o sistema educacional japonês cessou os ensinamentos sobre mitologia e crenças, mas nunca imaginei que o nome da deusa fosse lido como Tenteru-Daijin; por isso, acabei ficando um momento sem palavras.

A educação japonesa foi eliminando quase por completo do seu currículo temas como mitologia e fé. Além disso, como mais da metade das escolas religiosas do Japão são cristãs, talvez esse seja o motivo pelo qual o número de pessoas que não entendem as crenças da tradição japonesa está aumentando.

De agora em diante vão ocorrer grandes milagres, em uma escala sem precedentes

Diversos esforços foram se somando, e até agora acumulei muitas experiências de sucesso. Iniciamos o movimento em uma sala alugada de 11m² e, atualmente, só de imóveis próprios temos mais de setecentos; se incluirmos os demais templos locais, as bases e casas missionárias, chegaremos a mais de 10 mil estabelecimentos. E cada um desses locais tem potencial para se expandir por meio da aplicação de novos investimentos e de recursos humanos. Tudo o que devemos fazer agora é apenas seguir em frente com nossas atividades. Considero que o que viemos fazendo até o momento representa a metade do caminho de nossas atividades. Na metade restante, que está por vir, grandes milagres, em uma escala sem precedentes, começarão a se manifestar mais nitidamente.

Eu sou o tipo de pessoa que analisa as situações de forma bastante lógica, e não aumento o tamanho do empreendimento enquanto não definir direito os procedimentos. Mas, assim que tiver criado determinada estrutura, sou também do tipo que acelera. Portanto, daqui para a frente, na segunda metade do caminho, a Happy Science vai adquirir uma força enorme, nunca vista antes. Ocorrerão mudanças que vão surpreender até aqueles que estão na posição de líderes e fazem as coisas acontecerem. A "fase do amadorismo", na qual estivemos até agora, chegou ao fim, e a partir deste momento terá início a "fase do profissionalismo". Tenha certeza disso.

A Happy Science está criando tendências importantes no Japão

Embora ainda tenhamos um longo caminho a percorrer, a Happy Science passou a ser o grupo religioso mais competitivo do país. Talvez o termo "competitivo" não seja o mais adequado, mas nos tornamos uma religião avançada, que se antecipa em diversos campos quando comparada com as religiões tradicionais, que ficaram obsoletas e arcaicas, e também em relação aos novos grupos religiosos que surgiram nas últimas décadas. Ao observar as atividades da Happy Science, muitos podem questionar se somos mesmo uma religião ou argumentar que, apesar de parecermos polivalentes, nossa atuação na política não está indo bem. De fato, algumas pessoas podem nos ver desse modo, mas muitas de nossas sugestões estão sendo concretizadas sucessivamente, depois de serem adotadas e postas em prática por vários políticos, grupos políticos e partidos. Ou seja, apesar de haver certo atraso, nossas sugestões se realizam.

Hoje, a Happy Science é um importante pilar das ideias teóricas no Japão. Na verdade, mesmo aqueles indivíduos que não pertencem ao Partido da Realização da Felicidade (PRF) também estão estudando os vários conceitos da nossa organização. Muitas pessoas, inclusive políticos, funcionários públicos e aqueles ligados à mídia estão estudando meus livros; desse modo, estamos criando uma subcultura no Japão que é uma influência invisível. É difícil perceber de fora, mas atualmente a Happy Science está criando grandes tendências no país. Portanto, se você ler os livros da Happy Science, será capaz de ver o que está ocorrendo no mundo e como os eventos se desdobrarão.

Em fevereiro de 2017, o primeiro-ministro japonês Abe visitou a Casa Branca para se encontrar com o presidente Donald Trump, depois foi à Flórida para jogar golfe com ele. É muito exaustivo fazer um voo direto do Japão até Washington e, depois do almoço, ir à Flórida no Air Force One (o avião presidencial americano), jogar golfe e retornar logo em seguida para o Japão. Essa programação requer uma resistência física respeitável, e dificilmente um funcionário comum conseguiria fazer o mesmo. Creio que o primeiro-ministro está dando o melhor de si porque seu trabalho vai terminar se ou quando ele desistir.

Provavelmente ele está fazendo isso porque, desde o início de 2016, venho dizendo com frequência: "A próxima administração americana será de Trump; portanto, o Japão precisa seguir essa tendência considerando que haverá uma 'Revolução Trump'. O país deve eliminar todos os demais apegos e girar o leme para essa direção". Por isso, o Japão está caminhando nessa direção, e considero esse movimento positivo. Temos disposição suficiente para aceitar essas decisões, mesmo não sendo conduzidas diretamente por nós.

Influenciar o mundo com a nossa maneira de pensar, os nossos ideais e o nosso poder de pensamento

Não há nenhum problema se outros partidos colocam em prática as políticas do PRF, mas, se possível, eu gostaria que os eleitores apoiassem um pouco mais nosso partido. Seria muito gratificante se abrissem um pouco de espaço para que pudéssemos ocupar alguns assentos na Assembleia Nacional Japonesa.

Por exemplo, no fundo o presidente russo Vladimir Putin gostaria de resolver as questões do tratado com o Japão e das ilhas ao norte do Japão, mas ainda não consegue confiar no atual governo. O mais provável é que ele pense que pode confiar somente na Happy Science e no PRF. Como Putin está estudando as mensagens espirituais que publicamos, ele sabe qual é a nossa posição[10].

Em um desses livros, o espírito guardião[11] de Putin assume uma postura provocativa declarando: "Quero resolver as questões territoriais com o Japão, mas não posso fazê-lo enquanto a atual política japonesa continuar como está. Entretanto, se o governo japonês formar uma coalisão com o PRF, eu não me importaria em devolver as ilhas do norte". Tenho vontade de "testar" isso. Por favor, tenha isso em mente.

Sem dúvida, a Rússia também tem sua rede de informações. Há dois ou três anos, vários alunos da Aca-

---

10 Ver livros como *A New Message From Vladimir Putin - Interviewing the Guardian Spirit of the President of Russia* ("Uma Nova Mensagem de Vladimir Putin – Entrevistando o Espírito Guardião do Presidente da Rússia", New York: IRH Press, 2014), *Putin Nihon no Seiji wo Shikaru* ("Putin repreende a política japonesa", Tokyo: IRH Press, 2016) e *Russia no Honne – Putin Daitouryou Shugorei vs. Okawa Yuta* ("O íntimo da Rússia – espírito guardião do presidente Putin X Yuta Okawa", Tokyo: IRH Press, 2016).
11 Todos nós temos um *espírito guardião*. Ele é também uma parte de nós; por isso, a personalidade e a maneira de pensar dele são muito semelhantes às nossas. Para mais detalhes, consulte *As Leis do Sol* (2ª ed., São Paulo: IRH Press do Brasil, 2015). (N. do T.)

demia Happy Science (Sede de Nasu) apresentaram seus trabalhos em uma mostra de arte[12] realizada em Khabarovsk, na Rússia; eles receberam prêmios e suas obras ficaram em exposição naquele país. Com base apenas nessa conexão, mais tarde os alunos de uma escola russa realizaram uma visita à nossa escola-sede para participar de um intercâmbio cultural. Estabelecer esse tipo de relacionamento é algo bastante raro; portanto, creio que esse caminho foi aberto por alguém do governo russo. Dessa forma, o intercâmbio com a Rússia está avançando nos bastidores.

Nos Estados Unidos, mesmo antes do início da administração Trump, quando as pessoas diziam que ele estava em enorme desvantagem nas eleições, a matriz internacional da Happy Science e os integrantes do PRF conversaram com o assessor de Trump, que posteriormente veio prestigiar minha palestra [ver Figura 1] realizada em Nova York[13]. Por meio desse assessor, recebi de presente uma abotoadura igual à do presidente Trump.

---

12 Festival Internacional de Criatividade Artística das Crianças e dos Jovens, "O Grande Oceano Pacífico da Amizade e do Sonho".
13 Palestra "Liberdade, justiça e felicidade", realizada na Crowne Plaza Times Square Manhattan, Nova York. Ver *Okawa Ryuho New York Junshaku no Kiseki Jishin, Seigi, Soshite Koufuku* ("Ryuho Okawa – trajeto da viagem missionária em Nova York: liberdade, justiça e felicidade", Tóquio: IRH Press, 2017).

Como demonstram esses exemplos, a Happy Science exerce hoje, nos bastidores, uma grande influência nos Estados Unidos, na Rússia e em outras nações. Políticas reais estão sendo movidas. Isso significa que nossas ações não são equivocadas nem irrelevantes, mas estão começando a influenciar o mundo por meio da nossa maneira de pensar, dos nossos ideais e do nosso poder de pensamento. Talvez ainda leve certo tempo até as pessoas perceberem que essas ações são movidas por nossos integrantes, mas com certeza isso ficará evidente.

Figura 1.
Foto do local principal da palestra "Liberdade, justiça e felicidade", realizada em 2 de outubro de 2016 em Nova York [Crowne Plaza Times Square Manhattan].

3
Realizar atividades para acabar com as guerras no mundo todo

✧ ✧ ✧

Estamos em um período de transição entre duas grandes eras

O Dia da Fundação Nacional do Japão, 11 de fevereiro, é também a data em que o sul-africano Nelson Mandela foi posto em liberdade em 1990 após um período de 27 anos de cárcere. Algumas pessoas talvez conheçam nossa atuação por meio da publicação da obra *A Última Mensagem de Nelson Mandela para o Mundo*[14]. Outras, por meio do "Fundo HS Nelson Mandela[15]", que criamos para atuarmos internacionalmente e que tem recebido um grande apoio.

Mandela foi solto bem na época em que comecei a realizar grandes conferências, como aquelas que ocorreram no auditório do Makuhari Messe, na província de Chiba, em 1990. Depois, ele se tornou presidente e

---

14 São Paulo: IRH Press do Brasil, 2014.
15 Fundo interno do Grupo Happy Science estabelecido em 2013 para apoiar pessoas incapazes de receber uma educação adequada e medicamentos devido à discriminação racial e ao sistema de castas. (N. do A.)

• A CAPACIDADE DE CRER •

realizou a proeza de unificar a nação que estava dividida entre brancos e negros. Ele foi considerado pelo governo de brancos anterior uma espécie de terrorista por ter se engajado no movimento para a libertação dos negros e cumpriu uma pena de 27 anos na prisão. Um homem assim que, depois de sua soltura, virou presidente e uniu uma nação dividida.

Hoje, muitos meios de comunicação alardeiam que talvez os Estados Unidos fiquem divididos por causa de Trump. Porém, segundo minha previsão, ocorrerá o contrário. A nação americana voltará a ser ela mesma, passando a proteger o mundo como se fosse seu professor. Nesse momento, o papel que o Japão deve exercer provavelmente será bem maior que o desempenhado até agora, tornando-se o braço direito dos Estados Unidos.

Sem dúvida, o que precede as ações é a maneira de pensar. E como deveríamos pensar? Os deuses e os espíritos divinos do Mundo Celestial têm enviado à Terra diversos ensinamentos referentes à presente era, e eu gostaria que as pessoas soubessem por que estamos recebendo agora tantos ensinamentos do Céu.

Ao contemplarmos as diversas eras, percebemos que esse é um evento muito raro, e significa que estamos presenciando um importante período de transição entre duas grandes eras.

Trabalhando para acabar com a semente da discórdia que origina as guerras religiosas

Até hoje, a Happy Science recebeu mensagens de mais de setecentas entidades espirituais. Já publicamos mais de 450 livros somente de mensagens espirituais[16]; muitas delas foram traduzidas para outros idiomas e lidas em diversos países. Sua penetração é extremamente alta, sobretudo nas nações de maior religiosidade. No Japão, as pessoas costumam ser mais céticas a respeito de mensagens espirituais, mas, nos países em que a população acredita em assuntos ligados à espiritualidade, nossas mensagens parecem ser aceitas de coração e absorvidas com facilidade.

Um dos ensinamentos que transmito é o seguinte: "O mundo está dividido em várias religiões, como o budismo, o cristianismo, o confucionismo, o taoismo, o islamismo, hinduísmo e o xintoísmo japonês. Elas se originaram de maneira independente, em épocas em que os meios de comunicação e de transporte eram bastante limitados. Foram fundadas pelos deuses em certas áreas geográficas pensando no bem dos povos locais, mas, no mundo de hoje, é preciso haver ensinamentos que integrem as religiões de nível elevado que estão espalhadas pelo planeta. Por meio desses ensinamentos, devemos

---
16 Até novembro de 2017.

colocar esses povos de diversas etnias e crenças para se sentarem à mesma mesa, para que possam se entender e, assim, discutir em condições iguais".

É claro que também menciono a questão da "defesa nacional", mas é devido à sua importância no aspecto prático. Nossa mensagem como religião é que, se ocorrem disputas e matanças por causa de diferenças religiosas, essas ações são totalmente em vão. Com que intenção o cristianismo, o islamismo e demais religiões foram criadas? Estou tentando acabar com a semente da discórdia ao revelar o verdadeiro significado dessa intenção.

Fornecer filosofias lógicas para superar potenciais guerras na Ásia

Desde que o marxismo foi introduzido, a China tornou-se um país ateu e começou a declarar que as religiões eram um ópio. Por exemplo, Mao Tsé-Tung invadiu o Tibete e oprimiu o budismo tibetano. Contudo, a própria filosofia chinesa tradicional admite a existência de Shangdi, o Soberano do Céu. A ideia de um governante no Céu, ou seja, da existência de Deus, tem se mantido inalterada por milênios na China. Portanto, a noção de que os chineses não creem em Deus está equivocada. A maioria do povo chinês possui diferentes crenças, que incluem filosofias eremitas, taoistas, budistas e, mais recentemente, até mesmo do cristianismo e, em parte, da

Happy Science. Quanto às outras nações, há agora uma importante Luz que desceu em Taiwan[17]. Existem também problemas na península coreana, que envolvem as Coreias do Sul e do Norte. Enquanto eu estiver no mundo terreno, desejo ajudar a resolver de alguma forma esse conflito. Não sabemos exatamente o que pensam os norte-coreanos, nem o que lhes foi ensinado e imposto pelo governo como uma lavagem cerebral, mas, sem dúvida, eles não estão felizes com a presente situação. Do outro lado, sinto que a Coreia do Sul não está conseguindo definir seu próprio caminho. Os sul-coreanos alimentam um forte antagonismo em relação à Coreia do Norte; ao mesmo tempo, às vezes tentam uma aproximação com a China, outras revoltam-se contra o Japão ou os Estados Unidos, ou voltam a se aproximar dos americanos. Eu realmente desejo resolver de alguma forma essas questões que envolvem as Coreias do Norte e do Sul e a China durante minha vida.

Porém, o período conturbado ainda vai continuar por um tempo. A China construiu uma pista de decolagem de três quilômetros aterrando com concreto as encostas rochosas do Mar da China Meridional, deixando a área adequada para realizar manobras de bombardeio.

---

17 Ver *Kinkyū Shugorei Interview Taiwan Shin Sōtō Tsai Ing-wen no Mirai Senryaku* ("Entrevista Urgente com um espírito guardião: A estratégia para o futuro da nova presidente taiwanesa Tsai Ing-wen". Tóquio: IRH Press, 2016).

• A CAPACIDADE DE CRER •

E, com o presidente Trump entrando em cena, eu presumo que dentro de quatro ou cinco anos começarão a ocorrer guerras localizadas.

Nessas circunstâncias, a presente administração Abe está pensando em deixar em ordem a defesa nacional no nível operacional. Estamos, em certo grau, apoiando essa posição do governo, e é mais plausível dizer que houve grande influência da Happy Science em ter promovido discussões conceituais a esse respeito.

Por enquanto, não creio que veremos o problema das Ilhas Spratly progredindo para conflitos militares tão significativos quanto as questões da Coreia do Norte ou de Taiwan podem evoluir, mas avalio que existe uma grande chance de ocorrerem conflitos ou guerras localizadas daqui para a frente. Portanto, é importante que o Japão se conscientize de que precisa de uma defesa nacional e, ao mesmo tempo, de uma filosofia teórica que permita ir além dessa conscientização.

Os políticos ficam apenas se apegando a histórias da guerra de setenta ou oitenta anos atrás, mas isso não proporcionará nenhum avanço ao Japão. Esses argumentos só os ajudarão a arranjar desculpas convenientes para eles mesmos. Na minha visão, acredito que precisamos superar essa mentalidade e adotar filosofias que nos permitam progredir, e é exatamente isso que a Happy Science oferece. No futuro, desejamos estabilizar essas regiões instáveis da Ásia.

O perdão e a reconciliação são possíveis somente porque existe um Ser que está acima do homem

É verdade que, dentro do marxismo, existe a mentalidade de ser bondoso com os fracos. No entanto, a parte materialista, que considera que neste mundo só existe matéria, está claramente equivocada.

Sem dúvida, posso dizer, também pela minha experiência em receber orientações e mensagens espirituais ao longo de mais de trinta anos, que o materialismo está errado. O materialismo é uma postura que não posso aceitar de jeito nenhum, e me oponho fundamentalmente à ideia que considera a religião um ópio ou veneno.

Em essência, sem Deus é impossível haver elevação do caráter e da moral do ser humano. As pessoas são capazes de carregar sentimentos sublimes quando creem em algo maior do que elas mesmas, em uma entidade superior aos humanos. Além disso, o perdão mútuo e a reconciliação entre indivíduos que se odeiam são possíveis somente porque existe um Ser que está acima do homem.

A Happy Science contém também ensinamentos como o Princípio do Perdão. Não queremos causar antagonismos nem guerras. Às vezes, damos conselhos a líderes políticos para que se preparem contra possíveis ameaças, mas não o fazemos para desencadear uma guerra. O objetivo é evitar que maus elementos tenham ideias mal-intencionadas. Minha mensagem básica é que, se o problema for a existência de uma semente da discórdia na parte filosófica, é necessário superá-la por meio de uma filosofia ainda mais elevada. Tenho declarado a importância desse princípio repetidas vezes.

4
A capacidade de crer opera milagres

✧ ✧ ✧

A Happy Science está se propagando também na Ásia e na África

Os cidadãos de nações que têm fé às vezes compreendem os ensinamentos da Happy Science muito melhor que os japoneses. Em 2011, por exemplo, realizei uma conferência [ver Figura 2] na Índia[18]. A palestra ocorreu em uma área ao ar livre em Bodhgaya[19], e contou com a presença de mais de 40 mil pessoas.

O Templo Mahabodhi é uma grande edificação situada ao lado de um enorme pé de pipal, que aparentemente é a terceira ou quarta geração da árvore original sob a qual o Buda Shakyamuni alcançou a Grande Iluminação há mais de 2.500 anos.

Os monges desse templo acomodaram-se nas alas centrais da primeira e da segunda fileira; desse modo, minha pregação tinha de levar em conta esse público de monges.

---

18 Ver *Okawa Ryuho Indo/Nepal Junshaku no Kiseki* ("Ryuho Okawa: trajeto da viagem missionária na Índia e no Nepal", Tóquio: IRH Press, 2011).
19 Palestra "O Verdadeiro Buda e a Nova Esperança".

Para essa conferência, havia sido preparada uma estrutura semelhante a uma tenda, com capacidade para umas 40 mil pessoas. Porém, mesmo depois que iniciei a palestra, um excedente de pessoas que não cabia mais no auditório continuava chegando. Elas causavam tumulto ao fazer de tudo para entrar. Havia filas contínuas de pessoas que tinham percorrido quilômetros a pé para ver minha palestra.

Também em 2012, quando realizei uma conferência [ver Figura 3] no estádio nacional de Uganda[20], houve uma concentração enorme de público. Naquele dia,

---

20 Ver *Okawa Ryuho Uganda Junshaku no Kiseki* ("Ryuho Okawa – trajeto da viagem missionária em Uganda", Tóquio: IRH Press, 2012).

Figura 2.
Foto da palestra "O verdadeiro Buda e a Nova Esperança", realizada em 6 de março de 2011 em Bodhgaya, na Índia, que reuniu mais de 40 mil pessoas na praça Kalachakra.

ocorreu uma forte pancada de chuva durante as apresentações preliminares, e parte da audiência foi se proteger entrando nos ônibus estacionados do lado de fora do estádio. Mas, quando chegou o momento de informar que iríamos começar a palestra em alguns instantes, não pudemos chamar aqueles que haviam se abrigado nos ônibus, porque o estádio não dispunha de infraestrutura para transmitir avisos sonoros.

Como resultado, as pessoas que haviam se abrigado da chuva não conseguiram assistir à palestra. Outro problema ocorreu: mais de cem ônibus vindos de diversas regiões do país não conseguiram chegar ao estádio na hora marcada.

Figura 3.
Foto da palestra "A luz da Nova Esperança", realizada em 23 de junho de 2012 em Uganda, na África [Mandela National Stadium, em Kampala].

• A CAPACIDADE DE CRER •

    Além disso, aqueles que estavam dentro do estádio colocaram as cadeiras de plástico sobre a cabeça para se proteger da chuva. Por isso, ficou difícil realizar a filmagem do evento de modo apresentável; entretanto, parece que as emissoras estatais de Uganda foram habilidosas e conseguiram realizar uma boa transmissão.

    Mais tarde, como havia pessoas extremamente insatisfeitas por terem perdido a minha conferência, ela foi reexibida diversas vezes em várias emissoras, em todo o território ugandense, e até mesmo nos países vizinhos. Estima-se que o número de africanos que assistiram à minha palestra foi de 30 a 50 milhões de pessoas, incluindo aqueles que viram o programa pela tevê em canais de outros países além de Uganda. Portanto, minha popularidade na África é bem alta.

    Ademais, em diversos países asiáticos, como Hong Kong, um número infindável de pessoas que me avistam em diferentes lugares se aproxima para tirar uma foto comigo. Isso ocorre no exterior, mas é inimaginável no Japão. Talvez tenha a ver com a diferença de comportamento étnico.

    Os exemplos acima demonstram que a Happy Science está se tornando hoje cada vez mais conhecida no mundo todo.

A dificuldade de ser aceito pela sociedade

A mídia japonesa, porém, é muito parcial em sua cobertura. O presidente Donald Trump fez inimigos nos meios de comunicação americanos acusando-os de noticiar mentiras. Seus comentários parecem radicais, mas eu mesmo também tenho observado esse problema na mídia frequentemente. Por isso, tenho a impressão de que surgiu alguém parecido comigo. Em certos aspectos, a mídia deve estar interpretando como mal-intencionado o que Trump está dizendo com toda a sinceridade.

Uma regra tácita que a mídia possui como instinto é se opor contra aqueles que detêm o poder. Por isso, se surgir alguém que pareça ter um poder tirano, ela tem a missão de enfrentá-lo. E penso que seja válido que, de vez em quando, a mídia tente desafiar essas pessoas para ver o que acontece.

O normal é que, nos primeiros cem dias de mandato de um novo presidente americano, o chamado "período de lua de mel", não sejam feitas críticas a ele. Contudo, no caso de Trump, ele está trabalhando arduamente, mesmo sendo alvo contínuo de críticas, desde o início.

Observando essa situação, fica claro que até nos Estados Unidos é muito difícil obter a compreensão de todos. Embora Trump tenha sido nomeado presidente por meio de uma eleição, que é um sistema democrático, parte da população está realizando atos de protesto dizendo que não o aceita. Nesse aspecto, parece que os Estados Unidos se tornaram uma nação não democrática. É realmente difícil ser aceito pela sociedade.

Uma grandiosa força externa virá para aqueles que mantiverem sua fé enquanto se concentram no esforço próprio

Hoje, muitas pessoas acompanham e apoiam silenciosamente a Happy Science, mas outras temem aceitar nossas ideias com a mente aberta. Porém, eu gostaria de enfatizar que, basicamente, nosso profundo desejo é salvar muitas pessoas. Essa é a nossa vontade.

Meu anseio é que as pessoas se reergam ou se lapidem, e aqueles que conseguiram se fortalecer e prosperar, que estendam a mão aos que não têm essa capacidade. Algumas pessoas preferem contar com um governo grande que faça tudo pela população, mas, infelizmente, os exemplos de vários países mostram que, na prática, isso não funciona. Portanto, defendo a postura de que devemos fazer o que está ao nosso alcance.

Embora incentive o esforço próprio, eu também gostaria de lembrar que existe uma força externa. Ao manter a fé enquanto nos concentramos no esforço próprio, uma enorme força virá do Mundo Celestial para salvar as pessoas. Não podemos esquecer que essa força existe. Na prática, estão ocorrendo diversos milagres na Happy

Science e, dentre aqueles que acreditam, muitos já os vivenciaram. Várias doenças foram curadas, numa escala de centenas e milhares, e é até místico que novos casos continuem sendo registrados ainda hoje[21]. Contudo, não fazemos alarde sobre esse tipo de milagre porque os consideramos uma consequência natural da fé. É a fé da pessoa que na verdade cura sua doença; não estamos tentando substituir os médicos. Esse milagre ocorre quando a fé da pessoa obtém o consentimento do Mundo Celestial e recebe uma resposta de lá. Os milagres só acontecem nessa circunstância.

Além da questão da saúde, há também diversos fiéis que tiveram uma recuperação financeira; outros têm empresas que, nos últimos trinta anos, cresceram até se tornarem grandes corporações. Da mesma forma, aqueles que leram meus livros, inclusive os que não eram membros da Happy Science, tiveram sucesso ao iniciar seu empreendimento.

Temos visto resultados igualmente positivos no campo da educação. Certo diretor de escola, quando foi transferido para outra unidade, encontrou o meu livro *Kyōiku no Hō*[22] sobre a mesa de sua nova sala. Eu soube que diversas escolas japonesas estão lendo esse

---

21 Ver *voicee*, um site que reúne relatos de experiências na Happy Science (voicee.jp).
22 Literalmente, "As Leis da Educação", Tóquio: IRH Press, 2011.

livro. Muitos educadores estão estudando a nova forma de educação proposta pela Happy Science.

O Partido da Realização da Felicidade atua abertamente, deixando claro seu vínculo com a Happy Science

Além dos fiéis da Happy Science, que realizam suas atividades abertamente, há também um grande número de simpatizantes que compreendem e apoiam nossas ideias. Precisamos construir uma organização cheia de autoconfiança e coragem, capaz de incentivar essas pessoas a terem vontade de dizer: "Eu também quero estender a mão e ajudar este movimento". Eu gostaria que as pessoas de cada esfera da sociedade fossem capazes declarar sua fé e dizer: "Sou um seguidor da Happy Science. Vivo confiante sob essa crença".

O PRF optou por agir às claras, fazendo questão de não esconder sua conexão com a Happy Science. Eu gostaria que muitas pessoas fossem eleitas por merecer, exibindo o nome da Happy Science, em vez de surgirem pessoas fracas que dizem: "Não consigo expor o nome 'Happy Science', pois, se fizer isso, serei eliminado nas eleições".

Aquele que se candidata pelo PRF pode ter medo no início, mas, ao participar de eleições várias e várias vezes, as pessoas começarão a notar o caráter desse candidato, entender o que ele defende e o que está propondo realizar.

Um especialista em autorrealização comentou certa vez: "Quem desiste no primeiro fracasso é medíocre, quem não desiste depois de três fracassos é brilhante e quem não desiste mesmo depois de dez fracassos é um gênio". Segundo esse pensamento, os candidatos do PRF estão bem próximos da categoria dos gênios. Provavelmente assim será. Para mim, a competência cresce quanto mais sofremos derrotas.

Na verdade há cidadãos de diferentes esferas que apoiam nosso partido, mas devem pensar que talvez seja mais seguro deixar a política de verdade ser conduzida por indivíduos que têm uma longa carreira na política. Por isso, muitos acabam apoiando os partidos tradicionais. Ainda mais no caso do sistema de votos distritais[23], no qual os votos tendem a se concentrar nos dois maiores partidos; isso dificulta a vitória dos partidos menores. Mesmo assim, nosso partido penetrará gradativamente.

Desejo que, no final, todos os japoneses sejam nossos seguidores; por isso, a minha intenção é trabalhar

---

23 No sistema eleitoral chamado voto distrital, o país é dividido em pequenos distritos eleitorais e apenas um candidato é eleito por distrito. No Japão, esse sistema é adotado para eleger metade dos membros da Câmara dos Representantes (equivale à Câmara dos Deputados no Brasil). Outra metade é eleita por meio do voto proporcional. (N. do T.)

com afinco até chegarmos a esse ponto. Considero que tudo está avançando.

O verdadeiro sentido da expressão "capacidade de crer"

Ainda não são muitos os que compreendem o verdadeiro significado da expressão "capacidade de crer". Não se trata de algo que serve apenas para tranquilizar nossa mente; essa capacidade possui uma força física real, que pode romper e atravessar qualquer obstáculo que esteja bloqueando os caminhos da vida de cada indivíduo neste mundo.

Dentre os chamados intelectuais da era moderna, muitos pregam o agnosticismo[24] dizendo: "Nunca saberemos a verdade sobre este mundo. Nunca saberemos a verdade sobre Deus, nem de que forma o mundo começou, nem conheceremos os espíritos ou mundo espiritual". Mas a "capacidade de crer" é justamente a força que escava um túnel perfurando a montanha constituída por esses agnósticos que não têm fé. Se concentrarmos essa capacidade como um raio laser, conseguiremos perfurar qualquer montanha.

---

[24] Visão filosófica segundo a qual a existência de Deus ou do sobrenatural é desconhecida e talvez impossível de se conhecer. (N. do T.)

Creio que esse momento chegou. Digo aos seguidores da Happy Science do mundo todo, aos nossos simpatizantes, àqueles que se interessam pela Happy Science e aos candidatos que se destacarão no futuro: se vocês creem que existe Verdade no que eu venho dizendo por mais de trinta anos, por favor, transformem o poder do seu pensamento em uma *poderosa luz* que atravessa um túnel na montanha que bloqueia o futuro e o poder de Deus. Desejo criar com isso uma grande onda. Aguardo o dia em que a força de todas as pessoas será unificada.

- Palavras que vão transformar o amanhã 1 -

O poder ilimitado da fé e o milagre da cura

Seu ambiente,
Sua personalidade e seu futuro irão mudar
Quando você transformar sua mente.
O poder fundamental por trás disso tudo
É o poder da fé.

Ter fé é como conectar sua residência
Ao reservatório principal de água;
Então, ao abrir a torneira você permitirá
Que a água flua
Do reservatório principal até sua casa.
É o que significa a fé.

Mesmo que haja água em abundância
No reservatório principal,
Enquanto você não "abrir a torneira" com a sua fé,
A água não irá fluir.

De modo semelhante, ao acreditar,
Afirmar e aceitar,
Um poder ilimitado lhe será concedido.

Esse poder que a fé representa
Talvez nunca possa ser ensinado nas escolas.
Isso é algo que somente se pode aprender
Por meio da religião ou da educação religiosa.

Assim como o seu verdadeiro Pai
É ilimitado e invencível no Céu,
Seja você também
Ilimitado e invencível aqui na Terra.
É isso o que significa alcançar a vitória pela fé.

Há pessoas que conseguem se curar de doenças
Pela fé.
A estrutura básica do seu corpo físico
Irá mudar de acordo com sua visão da vida
E sua autoimagem.

As células vermelhas e brancas do seu sangue,
Assim como os linfócitos do seu sangue,
Trabalham diariamente para cumprir seus papéis
Enquanto recebem uma poderosa força espiritual
De vida.

A atividade dessas células irá mudar
De acordo com os pensamentos que você emitir.
Elas irão combater vírus
E outros elementos prejudiciais ao seu organismo,
Expelindo-os do seu corpo.
Células cancerosas e outros elementos nocivos
Serão rapidamente descartados e substituídos
Com a força de seus pensamentos.
Eles serão todos eliminados.

Capítulo DOIS

Comece pelo amor

Seja um perito na ciência da vida resolvendo seu "caderno de exercícios"

• COMECE PELO AMOR •

1
O desejo de ser amado é um instinto humano

✧　✧　✧

As pessoas costumam pensar: "Quero receber amor"

Eu costumava pregar sobre o conceito do amor nos primeiros tempos da Happy Science, quando ainda era bem jovem, e aqueles que nos acompanham desde o início talvez se sintam nostálgicos, como se estivéssemos voltando ao passado. Hoje, continuo com um espírito jovem, mas, na prática, passaram-se algumas décadas. Por isso, fico imaginando se e como meus ensinamentos sobre o amor mudaram desde então.

Quando se trata desse assunto, os jovens geralmente pensam que o amor é o fator determinante: eles são infelizes quando são amados pelos outros, e infelizes quando não são. Essa é a percepção inicial e simples do amor. Nem é preciso que alguém nos ensine essa lógica, já a sentimos instintivamente. Alguns se comportam dessa forma na pós-adolescência, outros talvez ainda na pré-adolescência. Os mais jovens, em particular, têm um profundo desejo de receber amor dos outros e, quando esse sentimento evolui, querem mantê-lo somente para eles mesmos, ou seja, manter exclusividade do amor de determinada pessoa. Esse é um tema retratado com frequência nas novelas de tevê.

Se essa vontade pelo amor dos outros se manifesta de forma positiva, ela pode servir de inspiração para a conquista da autorrealização. A pessoa tenta crescer para se tornar alguém admirável e receber o respeito dos outros; procura ser elogiada pelo seu ídolo e passa a querer toda a atenção dele. Isso não é de fato algo ruim, e muitas pessoas com mais idade ainda se sentem assim.

O desejo de ser amado pode se tornar a mola propulsora para a dedicação

Com o crescimento da população, a corrida pelo amor está se tornando acirrada. Um indivíduo popular atrai a simpatia de muita gente, mas, embora ele seja capaz de amar várias pessoas de forma ampla e superficial, a questão não é tão simples quando se trata de amar uma única pessoa de maneira significativa, como ocorre em um relacionamento conjugal.

Por outro lado, se um indivíduo procura obter o amor de outra pessoa que não necessariamente recebe muita atenção, esta pode atender rapidamente quando alguém lhe requisita amor. Em se tratando de popularidade, em geral uma pessoa tem muita ou não tem nenhuma.

Talvez esse não seja o exemplo mais adequado, mas, infelizmente, os candidatos do PRF recebem menos votos nas eleições quando comparados àqueles dos outros partidos. Eu realmente fico intrigado com o fato de recebermos tão poucos votos, pois seria muito bom receber tanto "amor" e "resultados igualitários" quanto os outros partidos. Nós acreditamos que estamos irradiando amor para as pessoas, mas parece que elas não estão conseguindo devolvê-lo[25]. Os jovens, em particular, não enxergam o próprio valor nem seu brilhantismo de forma objetiva, e muitos ficam atordoados com a discrepância entre a visão subjetiva de si e a realidade. Como resultado, eles desenvolvem naturalmente um desejo profundo de se destacar dos demais. Isso serve também como uma mola propulsora para que se dediquem ao máximo nos estudos, nos esportes ou no trabalho; portanto, não é necessariamente algo ruim.

Mesmo que um jovem não seja tão atraente nem consiga bons resultados nos estudos, ele pode jogar como um arremessador de destaque[26] na equipe de

---

25 O autor refere-se à atuação do Partido da Realização da Felicidade: embora esteja alertando sobre a situação atual e propondo medidas concretas para o bem-estar e a segurança do país, ele ainda recebe um baixo número de votos comparado ao dos outros partidos, que só visam vencer as eleições, evitando temas controversos, como a defesa nacional. Até agora, qualquer assunto sobre guerra tem sido um tabu para os japoneses, mesmo que haja ameaça militar real de outro país; essa consciência tem mudado com o alerta que o partido vem fazendo desde 2009. (N. do T.)
26 Posição de destaque no beisebol semelhante ao de um atacante artilheiro no futebol. (N. do T.)

beisebol de sua escola. Se sua equipe se classificar para o Campeonato Nacional de Beisebol[27] do estádio Kōshien, é provável que ele apareça nas tevês em rede nacional, tornando-se o centro das atenções e uma figura popular entre as garotas da escola.

Um indivíduo pode igualmente ser bem-sucedido e ficar famoso no mundo do entretenimento. A Happy Science também está atuando com produções nessa área. Algumas pessoas gostariam de ser como aqueles artistas de cinema, vistos por milhares de pessoas. No entanto, vão perceber que, na realidade, é extremamente difícil conquistar esse nível de sucesso.

O desejo de ser amado também pode causar sofrimento

Quando somos jovens, o esforço que dedicamos ao crescimento pessoal costuma basear-se em grande parte no nosso desejo intenso de recebermos a atenção dos outros ou, de forma mais simples, na vontade de sermos amados. De modo geral, eu não pretendo rejeitar totalmente esse desejo. Mas, embora ele possa servir de princípio de autoaprimoramento, infelizmente costuma gerar sofrimento.

---

27 Campeonato de prestígio, também chamado apenas de Kōshien, por ser realizado no estádio Kōshien. Participar desse campeonato é o sonho da maioria dos alunos do ensino médio que joga beisebol. (N. do T.)

• COMECE PELO AMOR •

Ao examinarmos o mundo ao nosso redor, raramente encontramos pessoas que chegam e nos oferecem amor. Ao contrário, quando alguém se aproxima, nosso primeiro pensamento é que ela está querendo algo. A Happy Science também realiza trabalhos missionários e atividades políticas; por isso, penso que devo abrir mais meu coração para essas pessoas. No entanto, quando nos abordam na rua, geralmente é para pedir alguma coisa.

No Japão, ao caminharmos pelas ruas, quando uma pessoa se aproxima, geralmente é para nos oferecer de brinde um pacote de lenços de papel[28] para fazer um "pedido", mas é difícil termos vontade de aceitar. É claro que o valor de um pacote de lenços de papel não é zero, então, pegar um não é de todo inútil. Mesmo assim, só de pensar em como os lenços deixam o bolso da calça estufado, acabamos não aceitando.

Se nem lenços de papel gratuitos as pessoas aceitam, tenho certeza de que os membros da nossa organização estão sofrendo com a divulgação da nossa religião. Se você está parado em uma estação de trem ou de metrô e pergunta a alguém: "Você tem interesse na Happy Science?", ou "Você não tem preocupações?", a pessoa vai se esquivar ou talvez responda: "Deixe-me em paz".

---
28 No Japão, é comum haver pessoas fazendo propaganda de um produto ou serviço colocando um anúncio em pequenas embalagens de bolso, de plástico transparente, contendo lenços de papel. O que eles "pedem" é para testar ou comprar o produto ou serviço que oferecem. (N. do T.)

De forma semelhante, quase todas as pessoas gostariam de aparecer na tevê, mas quando elas avistam uma filmagem de verdade ocorrendo em um cruzamento, com uns três funcionários da emissora ao redor, o mais provável é que tentem evitar a câmera. Eu faria o mesmo. Posso até pensar: "Será que, se eu aparecer na tevê aqui, isso servirá como publicidade e propaganda gratuita para a Happy Science?". Porém, e se Ryuho Okawa fosse pego no cruzamento para ser entrevistado e viesse com assuntos fúteis? Eles perguntariam: "Para onde o senhor está indo?", e eu responderia: "Bem, logo ali na esquina. Fiquei com fome, por isso, estou indo comer um lámen". Se uma entrevista dessas fosse ao ar, os fiéis com certeza ficariam decepcionados. O ideal seria que os repórteres viessem com perguntas de nível mais alto, mas isso dificilmente ocorrerá.

Dessa forma, uma emissora pode querer filmar alguém, mas geralmente terá o pedido negado.

Muitas situações dificultam o ato de amar

Há cerca de dez anos, a inauguração de uma loja de donuts estava sendo divulgada nas revistas e apresentada como um novo ponto da moda. Então, fui conhecer o local durante sua inauguração. Chovia muito naquele dia e quase não havia clientes. Uma equipe de filmagem estava a postos, pronta para registrar cenas de intenso movimento, mas o lugar estava vazio. Quando entrei, fui logo abordado por um repórter, uma espécie de ave de rapina à caça de sua presa, que me perguntou: "Por favor, posso entrevistá-lo?".

Recusei o convite educadamente e vi o repórter sair da loja cabisbaixo. Senti pena do rapaz e pensei que talvez pudesse ser bom para a loja se eu aceitasse fazer a entrevista, mas preferi recusar porque não achei que seria a pessoa adequada para aparecer na propaganda de uma loja de donuts. Imaginei também que causaria transtornos à loja se ela ficasse abarrotada de membros da Happy Science.

Creio que, à medida que os profissionais da mídia são recusados daquela forma, eles se tornam cada vez mais perversos; ficam com vontade de dizer coisas ofensivas ou que provoquem raiva. Quando tentam fazer uma reportagem, seja para a tevê ou para uma revista semanal, frequentemente recebem um "não" como resposta; por isso, estou ciente de que eles se tornam impiedosos conforme o "amor deles é rejeitado".

Em geral, as pessoas normais receiam ser flagradas ao natural ou despreparadas, mesmo quando têm vontade de aparecer na tevê ou em outro meio de comunicação. É natural que elas queiram exibir seu lado bom, mas não o desajeitado. A propósito, em casa, minha esposa me fotografa em diversos momentos de descanso e descontração. Ela mantém essas imagens muito bem guardadas para que possa apreciá-las em particular e não sejam vistas por mais ninguém. De qualquer modo, existem aspectos difíceis ao construir relacionamentos positivos com os outros porque, mesmo que você queira melhorar seu relacionamento com alguém, uma situação inesperada pode surgir, impedindo seu avanço. O mesmo ocorre quando se trata de amar as pessoas. Não é tão fácil que o sentimento entre duas pessoas seja mútuo. Por exemplo, no caso de jovens que sentem uma atração mútua, eles terão dificuldade de permanecer juntos depois de encontrarem alguns obstáculos. Esse é o caso do amor romântico, e é mais difícil ainda amarmos os desconhecidos e as pessoas que vivem na sociedade.

2
A dor que vem junto com o caderno de exercícios da vida e com a administração de uma organização

✧ ✧ ✧

O amor entre pais e filhos e o amor conjugal também têm problemas

Desde o início, a Happy Science tem ensinado que a vida é como um caderno com problemas a serem resolvidos, e por isso usa a expressão "caderno de exercícios da vida". Os temas ligados ao amor talvez sejam os mais clássicos desses exercícios; todos os indivíduos inevitavelmente irão lidar com eles.

Por exemplo, o amor entre um homem e uma mulher começa relativamente cedo na vida. Depois, quando nascem os filhos, eles encaram problemas relacionados ao amor entre pais e filhos. Ocorrem diversos conflitos entre eles e, às vezes, quanto mais os pais amam os filhos, mais eles podem se revoltar, e o resultado pode ser a inversão do amor.

Por outro lado, há casos em que as crianças se saem excepcionalmente bem e se tornam pessoas aplicadas, apesar do pouco afeto que receberam dos pais ou das baixas expectativas deles. Assim, a relação entre pais e filhos é de fato muito complicada.

O amor entre marido e mulher também gera problemas. Mesmo que um casal tenha se amado de coração quando jovem, à medida que os dois vão alcançando a meia-idade as circunstâncias se modificam; as condições do trabalho podem mudar e outras responsabilidades podem surgir durante a educação dos filhos.

Vamos pegar o caso de uma devota da Happy Science que é dona de casa e cuja incumbência principal é educar os filhos. Se outros membros de sua família também forem seguidores da Happy Science, ela poderá assistir à minha conferência realizada em um domingo sem se preocupar, por exemplo, em fazer o almoço da família, que irá compreender.

No entanto, pode surgir uma situação de conflito se o filho estiver estudando para o vestibular e sentir que precisa do total apoio da mãe para obter a melhor nota no exame que vai definir se ele irá para sua primeira opção de curso. Nesse clima de tensão e ansiedade que o rapaz acredita ser determinante para o seu futuro, se a mãe lhe disser que está indo assistir à palestra do mestre Okawa no dia anterior ao exame, ele pode se revoltar: "A senhora não pensa nada em mim mesmo, não é?". A discussão começa a se tornar incontrolável quando a mãe responde: "Você vai rejeitar a minha fé?". O filho pode argumentar: "Eu compreendo, mas o meu exame também é importante!". À medida que as crianças crescem, as situações mudam e se tornam cada vez mais complexas.

Uma discussão semelhante também pode surgir entre a mulher e seu marido. Ele poderia dizer: "Eu também tenho compromissos. Tenho um jogo de golfe marcado com um contato importante de fora da empresa. Não vou fazer o almoço no seu lugar e deixar de ir ao golfe só porque você vai assistir à palestra. O trabalho tem prioridade! É graças ao meu salário que vocês têm comida na mesa, que você pode participar de atividades religiosas e nosso filho pode tentar entrar na universidade. Pode ser até que o mestre Ryuho Okawa adoeça, mas meu golfe é prioritário". E a esposa fica com vontade de retrucar: "Você não tem fé mesmo, não é?".

Creio que muitos de nossos fiéis já passaram por esses conflitos conjugais. Contudo, de certa forma não há o que fazer. A vida é limitada, e você deve avaliar de que maneira vai usar esse período de algumas décadas para fazer sua vida brilhar. Quando refletir sobre o que pode tornar sua vida significativa, você precisará dar prioridade àquilo que considerar importante, terá de fazer "escolhas".

Então, aquela dona de casa do exemplo anterior poderia pensar: "Não há nada que eu possa fazer para ajudar meu filho a se sair bem no exame; o resultado será o mesmo, não importa se eu preparar o almoço para ele ou comprá-lo pronto e deixá-lo na mesa", ou "Meu filho só está descarregando seu nervosismo em mim".

Quanto ao marido, ela poderia pensar: "Meu marido é livre para ir jogar golfe. Se ele precisa deixar o cliente vencer, então deixe. Isso cabe a ele. Não importa se eu vou assistir à palestra ou não, isso não vai mudar o resultado do jogo de golfe".

Os exemplos acima demonstram que, mesmo nos relacionamentos que começaram com um amor puro, à medida que suas experiências de vida se aprofundam você pode ter de passar por diversos desencontros e mal-entendidos.

Não ser compreendido quanto à escolha de funcionários, tendo em vista o crescimento da organização

Eu tenho administrado a Happy Science há mais de trinta anos e, durante esse período, a experiência mais dolorosa que tive foi ver meus discípulos que amei se afastarem por causa de algum desentendimento. Foram tristezas indescritíveis.

Por exemplo, aqueles que nos ajudaram no início trabalhavam com afinco e sem nenhum ego para cumprir nossa missão. Porém, à medida que a instituição foi crescendo, ficou difícil gerenciar nossos objetivos, e precisávamos de novas pessoas com diferentes habilidades. Mesmo vindo depois, era necessário empregá-las, senão a instituição iria entrar em colapso. Mas quando os novos membros começaram a assumir cargos importantes, aqueles que nos acompanhavam desde o início sentiram-se rejeitados, frustrados ou perderam a motivação; outros resolveram se desligar.

Isso não significa que deixei de amá-los. Sou imensamente grato por terem se dedicado tanto, e meu afeto por eles não mudou. Porém, para que a organização crescesse, tive de alocar os recursos humanos que se faziam necessários a cada momento, caso contrário perderia o que eu considerava correto. Assim, precisei tomar decisões dessa natureza por não ter escolha, mas muitas vezes não fui compreendido.

De fato, uma pessoa tende a amar facilmente o outro apenas enquanto tem o reconhecimento dele. Talvez seja muito difícil para ela manter um sentimento de amor que seja independente do reconhecimento do outro. Isso acontece porque ela não compreende bem o que o outro pensa.

Quando alguém lhe diz que confia em você ou que o ama, provavelmente você conclui que tudo em você deveria ser amado ou que o outro deveria confiar em tudo o que você faz. Por isso, muitas pessoas de repente se sentem ofendidas quando seu trabalho é corrigido, rejeitado ou substituído. Já passei por vários momentos de tristeza no passado envolvendo essas questões.

A dificuldade de administrar uma organização: os exemplos de São Francisco de Assis e de Madre Teresa

Para falar sobre o amor, achei que seria melhor estudar um pouco sobre o cristianismo. Por isso, no dia anterior à palestra que deu origem a este capítulo assisti mais uma vez a filmes como o de São Francisco de Assis, que fundou uma ordem religiosa na Itália no início do século XII, e o de Madre Teresa de Calcutá, estrelada por Olivia Hussey. Em ambos os casos percebi que, no início, os protagonistas faziam o que queriam livremente; à medida que o número de seguidores começou a aumentar, eles já não conseguiam mais ser livres naquilo em que desejavam trabalhar.

No caso de São Francisco de Assis, depois que a ordem religiosa passou a ter milhares de seguidores em diferentes países, pediram-lhe para estabelecer uma regra, ou seja, uma espécie de qualificação para ingressar na ordem, mas Francisco era contra a ideia. Apesar da necessidade de criar essa regra para obter a autorização do papa, ele relutava em fazê-lo.

É claro que, para administrar bem uma organização, um líder precisa ter mais pessoas instruídas e envolvê-las no processo. Naquela época, havia universidades na Itália, e os acadêmicos respeitados que estudavam Letras, Teologia e Direito se aproximaram de Francisco para oferecer seus préstimos. Contudo, ele respondeu que, embora esses indivíduos fossem eloquentes, eles não tinham fé, que era o mais importante de tudo. E declarou que bastava apenas seguir o evangelho. O filme retratou o sofrimento dele por não conseguir estabelecer as regras. O filme de Madre Teresa descreveu problemas semelhantes. A propósito, a atriz cingalesa Umali Thilakaratne, que atuou nesse filme como ajudante da madre, também participou do filme da Happy Science chamado *O Julgamento Final*[29]. De qualquer forma, Madre Teresa era o tipo de pessoa que agia por impulso, e teria infringido as legislações e os regulamentos em diversas ocasiões, gerando conflitos com o governo. Essas ações com frequência se tornavam obstáculos que a impediam de continuar com seu trabalho.

Rever esses dois filmes me fez perceber o quanto é difícil criar uma organização e fazê-la crescer, porque o processo costuma entrar em conflito com diversos aspectos do mundo terreno. Os líderes religiosos ficam imaginando por que as pessoas não os compreendem, uma vez que eles só querem propagar o amor de Deus. No filme de Madre Teresa, por exemplo, suas assistentes avisam que elas não poderiam construir um orfanato no local, a menos que seguissem os regulamentos e obtivessem aprovação oficial. Assim, um líder religioso e seus assistentes acabam se desentendendo.

---

29 Lançado em 2012, produção executiva de Ryuho Okawa.

Buda Shakyamuni e a prática do "amor que nutre" na administração organizacional

Buda Shakyamuni também sentiu o mesmo tipo de dificuldade. No início, quando ele e seus discípulos se dedicavam ao aprimoramento espiritual nas montanhas, cada asceta se concentrava em suas disciplinas como bem entendia. Mas, ao formar o sanga[30], que passou a ser uma organização, começaram a ocorrer vários incidentes, e muitas vezes não era possível determinar qual lado estava correto. Shakyamuni, então, criou uma regra instituindo que quatro ordenados formariam sangas menores (*sanga face-a-face*) e limitou ao próprio grupo o julgamento para descobrir quem estava correto (julgamento chamado de *karman*[31]). Entretanto, alguns casos permaneciam sem solução. Havia questões tão complexas que mesmo Buda Shakyamuni considerava impossível dar um veredito.

Quando se trata de administrar uma organização, ocorre o que pode ser chamado de "conflito de egos", pois sempre há discordância entre o que cada pessoa considera correto ou positivo. Além disso, quando co-

---

[30] Sanga: corpo de discípulos de Buda incumbidos da missão de propagar os ensinamentos de Buda para salvar as pessoas.
[31] Derivado da palavra mais conhecida karma ("ação", em sânscrito), *karman* significa "procedimento eclesiástico" e foi criada para diferenciar "procedimento" de "ação". (N. do T.)

meçam as adaptações, as coisas não saem necessariamente de acordo com o simples "princípio do amor".

Embora o amor pareça aceitar tudo, perdoar tudo e envolver tudo, para viver a realidade deste mundo é preciso fazer ajustes, tomar decisões, abrir mão de certas coisas e fazer escolhas. Esse é um aspecto muito difícil que faz parte da prática do "amor que nutre", na teoria dos "Estágios de Desenvolvimento do Amor[32]".

Nesse estágio de amor, precisamos adquirir sabedoria e conhecimento para definir a ordem de prioridades, segundo o ponto de vista da Verdade Búdica ou Verdade Divina, das difíceis questões de uma organização. Contudo, muitas vezes temos de lidar com problemas de um amor mais primitivo.

Nos 31 anos que se passaram desde sua fundação, a Happy Science cresceu muito, a ponto de se expandir internacionalmente. Dentre aqueles que vieram nos ajudar na fase inicial, há alguns membros que continuam conosco até hoje, sem deixar o próprio ego se interpor. Essas pessoas podem se sentir realmente felizes e honradas por ver a dimensão que a Happy Science alcançou. Eu também compartilho desses sentimentos.

---

32 Os Estágios de Desenvolvimento do Amor, em ordem crescente, são: Amor Instintivo, Amor Fundamental, Amor que Nutre, Amor que Perdoa, Amor Encarnado e Amor de Messias. Para mais informações, consulte *As Leis do Sol* (2ª ed., São Paulo: IRH Press do Brasil, 2015).

Por outro lado, na fase inicial algumas pessoas ficaram irritadas ou acharam que eu não tinha mais amor por elas quando precisava substituí-las por membros mais novos. Algumas até me devolveram itens que eu havia lhes enviado de presente. Isso me deixou surpreso. Senti que eram pessoas que pensavam de forma simples, na base do tudo ou nada. É difícil atuar em um trabalho com essa mentalidade, mas foi o que ocorreu.

3
Seja um perito na ciência da vida por meio do amor e da fé

✧ ✧ ✧

Supere cada koan[33] *que surgir em sua vida, um por vez*

Com relação ao amor conjugal, quando um casal vive junto por décadas, surgem diferentes tipos de problema. Por mais que a relação entre eles seja boa, suas opiniões podem divergir sobre a educação dos filhos ou sobre o relacionamento com outras pessoas, ou talvez ocorra algum incidente ilícito na família.

Pode ocorrer também uma situação semelhante àquela mostrada na minissérie japonesa *Meu Marido é Incompetente*[34]. A esposa acha que o marido é um funcionário competente, mas a verdade é bem diferente. Isso poderia ocorrer na vida real. Quando uma mulher se casa aos vinte e poucos anos, talvez ela comente com

---

[33] *Koan*: uma pergunta, um diálogo, uma história, uma situação ou uma afirmação usada na prática zen para contemplar ou meditar e, assim, aprofundar a iluminação. (N. do T.)

[34] Minissérie que foi ao ar em 2017 no Japão pela emissora Nippon Television. Retrata o drama de um protagonista que escondia da esposa o fato de ser um funcionário medíocre. Com a gravidez da mulher, o casal se une e luta para que ele se torne um marido competente. (N. do A.)

orgulho o quanto seu marido é bonito, capaz e faz parte da elite. Depois dos 30, porém, talvez ela descubra que na verdade o marido é um inútil, que não sabe trabalhar. Isso é assustador, mas real.

Há casos em que o marido e a mulher são ambos trabalhadores, e a esposa progride rapidamente em sua carreira e amplia sua visão. Então, o marido se sente frustrado e começa a agir como um adolescente revoltado. Quando a mulher descobre sua vocação, é natural que queira ser reconhecida e deseje contribuir para a sociedade como um adulto trabalhador. Se ela é bem-sucedida, aos poucos o marido passa a mudar de comportamento. Em suma, a relação conjugal permaneceria estável se a esposa não fosse competente; caso contrário, fica difícil manter o casamento. Porém, *koans* dessa natureza surgem em diferentes momentos da vida, e temos de superar cada um deles.

Estudar os ensinamentos religiosos para se tornar um perito na ciência da vida

Muitos problemas da vida têm solução, mas nem todos. Quando estiver resolvendo um problema, talvez você tenha de optar por uma coisa e desistir de outra. Isso deve ser realmente doloroso. No entanto, até certo ponto já se espera que várias dificuldades ocorram como parte do caderno de exercícios do amor. Deus criou o homem e a mulher com o desejo de que todos os seres humanos aprendam sobre o amor. Por isso, inevitavelmente encontramos tais exercícios.

Porém, enquanto você tenta solucionar muitos desses problemas, talvez descubra que o seu amor, que no início era puro e inocente, está assumindo uma forma um pouco diferente. Por exemplo, em nosso próximo filme, *Daybreak*[35], a música-tema *Superando as Noites de Insônia*[36] expressa a agonia dos protagonistas que sofrem por não conseguirem se casar. Há épocas em que uma pessoa sofre porque não consegue ficar junto do ser amado. Mas, depois que se casa, ela também vai ter de enfrentar novos desafios. É preciso enfrentar os problemas de cada fase, caso contrário eles nunca serão resolvidos.

Mesmo assim, em algum momento você vai perceber que é impossível resolver tudo. Nessa hora, eu gostaria que você pensasse sobre a importância dos ensinamentos religiosos para a sua vida. Se você pensou nisso, significa que decidiu se tornar um perito na ciência da vida e ser capaz de encontrar a resposta para vários problemas de outras pessoas. Não seria esse um dos objetivos de você ter chegado até uma religião? E, se você deseja ser capaz de orientar os outros em seus problemas

---

35 *Adeus Juventude, Mesmo Assim, Juventude*, produção executiva de Ryuho Okawa, a ser lançado no Japão em 2018, no início do verão.
36 Letra e música de Ryuho Okawa.

do cotidiano, a forma com que você persevera ou supera seus problemas é fundamental.

Mesmo que você não seja abençoado por milagres, mantenha o espírito de crer

No processo de se tornar um perito na ciência da vida, você pode ser abençoado por milagres. Talvez vivencie a cura de uma doença. Porém, mesmo que seja uma "pessoa escolhida" para viver milagres, mais tarde poderá adoecer novamente e vir a falecer. Por exemplo, uma doença que foi curada por milagre há dez anos talvez não seja curada uma segunda vez. Você estará sendo testado para ver se consegue manter a sua fé mesmo assim.

Na verdade, a cura de uma doença por meio de um milagre, por si só, é uma situação abençoada e rara. Mas, se você só consegue manter sua fé por meio de contínuos milagres, isso é muito triste. A Bíblia conta a história de um milagre realizado por Jesus Cristo: Lázaro, que tinha sido sepultado quatro dias antes, ressuscitou erguendo-se do túmulo, ainda todo enfaixado. Mas, no devido tempo, até Lázaro acabou morrendo, pois não é possível ter vida eterna neste mundo.

Não devemos misturar as coisas; não é possível atravessar uma vida cheia de problemas somente dependendo de milagres. Às vezes, você precisa de sabedoria para demolir suas dúvidas. Porém, mesmo a sabedoria tem limite, e você vai enfrentar situações nas quais não conseguirá fazer nada. Nesses momentos, eu gostaria que você soubesse que este mundo não foi criado de forma perfeita. Este mundo da terceira dimensão não foi construído de forma que os mais de 7 bilhões de habitantes consigam, todos eles, chegar à sua autorrealização perfeitamente.

No outro mundo, os espíritos de cada dimensão[37] vivem junto a outros seres com características semelhantes, mas esse tipo de convivência não fornece grande variedade de experiências de vida. Por esse motivo é que nascemos neste mundo, para encontrar pessoas vindas de diferentes reinos ou dimensões espirituais e lapidar a nossa vida. Os seres humanos reencarnam neste mundo com esse propósito.

Apesar disso, assim que você nasce neste mundo, muitas coisas acontecem. Talvez você tenha sido um anjo no outro mundo, onde costumava ocupar uma posição muito mais importante e orientar outros seres. Ao vir para cá, o mesmo ser que você orientava pode ter nascido dez ou vinte anos mais cedo e ter se tornado seu chefe em uma empresa ou seu professor em uma

---

[37] O outro mundo, que é o mundo espiritual, está dividido em várias dimensões, que vão da quarta até a nona dimensão no âmbito da Terra. Quanto mais elevada a dimensão onde um ser espiritual reside, mais iluminado ele é. Para mais informações, consulte *As Leis da Eternidade*, São Paulo: Cultrix, 2007. (N. do T.)

escola. Ele pode até estar assumindo uma posição com poder de determinar seu futuro. Na hora da entrevista de admissão, pode acontecer de um anjo de luz de 22 anos ser reprovado por alguém de 40 anos possuído pelo demônio, alegando: "Ele é insolente! Não serve para nossa empresa".

*Nosso desafio para o futuro infinito:
levar o mundo para mais perto do Reino de Deus*

Assim irracional é este mundo, e nem tudo funciona como gostaríamos. No entanto, mesmo que ele seja assim, devemos aproximar o senso comum deste mundo ao "senso comum do Reino de Deus", um pouco que seja. Esse é o significado do nosso trabalho missionário.

Seja qual for o setor da vida, nós podemos discordar sobre vários assuntos neste planeta. Porém, não acreditamos que tudo funcionará bem apenas seguindo as leis e os sistemas criados aqui. Essas regras podem ser uma força para impedir que o pior aconteça, mas não se sabe se as pessoas estão escolhendo ou fazendo o melhor. Nosso trabalho de difusão é sempre um "desafio para o futuro infinito", que faz parte de um esforço que nunca, nunca acaba.

4

Supere o ódio com o amor que perdoa

✧ ✧ ✧

*Mesmo que você odeie a atitude
de uma pessoa, não odeie sua essência*

Quando o assunto é o amor, o que realmente conta neste mundo é o tipo de amor que você percebe, reconhece e compreende. Colocar em prática um simples conceito de amor é de fato uma tarefa árdua. Além do "amor que nutre", que abordei anteriormente, na Happy Science também pregamos sobre o "amor que perdoa". Perdoar o próximo é igualmente uma atitude difícil. Amar os outros já é difícil, mas perdoar é ainda mais difícil.

Não há tantas pessoas neste mundo que dizem a você: "Eu te amo". Mesmo aquelas que o amam às vezes não expressam esse sentimento em palavras. Muito menos conseguem dizer que o perdoam; isso é uma raridade. Aqueles que se mantêm por um longo período em estado religioso talvez consigam perdoar, mas não são tantas as pessoas que, no cotidiano, conseguem dizer: "Eu te perdoo", seja no lar, seja na escola, seja no trabalho.

Sobretudo no ambiente de trabalho, os erros não costumam ser perdoados; quando algum erro ocorre, é necessário buscar sua causa. É natural que uma pessoa pense: "Ficar no vermelho é imperdoável. Devemos sempre dar lucro". Às vezes, você precisa apontar os erros de alguém ou orientar sobre uma falha ou incidente no trabalho. Mas saiba que "odiar a pessoa pelo que ela fez ou gerou de resultado" e "repreendê-la para corrigir seus atos" não são a mesma coisa.

Você consegue ter o estado de espírito necessário para "odiar a ação de uma pessoa, mas não sua essência"? Isso é algo extremamente difícil de fazer. Uma ação sempre gera um resultado. Será um teste se você conseguir não ficar com raiva de uma pessoa depois que ela fizer algo que lhe produza um resultado desfavorável. Por exemplo, se alguém prejudica seus estudos, seu trabalho ou seu namoro, você consegue não odiar essa pessoa? É um sentimento muito difícil de conter. Há pessoas que odeiam instintivamente, outras acham que odiar, nesses casos, é a atitude mais natural.

Alguns países ensinam seu povo a odiar as outras nações

Este capítulo baseia-se em uma palestra que realizei na Festividade Natalícia de 2017 e que foi transmitida via satélite para diversos pontos do mundo. Há pessoas que a assistiram na Coreia do Sul e, na verdade, parece que havia também dezenas de membros presentes na Coreia do Norte. Não sei como os norte-coreanos se tornaram nossos seguidores, nem de que maneira eles conseguiram assistir à palestra ou ouvi-la. Não sei se eles têm algum aparelho escondido, se de alguma forma ouvem só o som ou conseguem as informações por outros caminhos, mas parece mesmo que há membros da Happy Science por lá; por isso, eu gostaria levar em conta esse público para dizer que as pessoas que vivem na Península Coreana aprendem sobre o ódio como sendo um sentimento natural.

Certo diretor de cinema russo conseguiu entrar na Coreia do Norte e rodar um documentário[38] sobre a "realidade" do país, com a permissão das autoridades norte-coreanas e sob sua supervisão. Na verdade, ele também gravou cenas às escondidas em locais proibidos, como uma em que as autoridades davam instruções ao elenco para fazerem parecer que tudo estava certo. Essas gravações foram levadas secretamente à Rússia para que não fossem confiscadas pelos inspetores; em seguida o filme foi exibido.

Quando assisti a esse filme, notei uma característica marcante: os cidadãos norte-coreanos em geral não têm expressão facial. Ninguém sorri nem demonstra nenhum sentimento. Eles só mudam a fisionomia quando são instruídos, mas, nos outros momentos, são inexpressivos. O diretor russo comentou que essa é uma característica típica de um país totalitarista. Até há pouco

---

38 Filme de 2015, intitulado *Under the Sun* ("Sob o Sol"), de Vitaly Mansky.

tempo, a União Soviética era o berço do comunismo, mas hoje é a Coreia do Norte que tem um sistema praticamente comunista.

Uma das cenas retratadas no filme mostrava professores do ensino fundamental orientando seus alunos a odiar os japoneses e proprietários de terras, porque teriam sido eles os responsáveis por levar a Coreia do Norte ao ponto em que está hoje. Os professores também ensinavam que os Estados Unidos e a Coreia do Sul começaram a Guerra da Coreia, e que os norte-coreanos deveriam odiar esses países porque eles pretendiam invadir a Coreia do Norte, que seriam eles os causadores da Guerra da Coreia. No entanto, a verdade é o contrário. A Coreia do Norte foi a primeira a atacar a Coreia do Sul; os norte-coreanos avançaram até quase o extremo sul da península, quando as tropas das Nações Unidas contra-atacaram. Depois houve um cessar-fogo que estabeleceu a fronteira no paralelo 38; atualmente, porém, há sinais de guerra novamente. Assim, eles claramente educam seu povo a odiar os demais.

Por outro lado, a ex-presidente da Coreia do Sul, Park Geun-hye, disse, ainda durante o seu mandato, que os coreanos continuariam a sentir rancor durante mil anos por causa do período sob o domínio do antigo Império do Japão. É inimaginável que algo semelhante ocorra no Japão. Se um primeiro-ministro japonês dissesse que os japoneses não perdoariam por mil anos

• Comece pelo amor •

um país estrangeiro por causa de um comportamento vil, provavelmente a mídia japonesa iria considerá-lo desumano e questionar se esse indivíduo estava de fato qualificado para ocupar o cargo de primeiro-ministro. Porém, na Coreia do Sul, isso pode ser dito livremente. Entretanto, se eles não frearem esse ódio em algum momento, não vão progredir.

Em muitas nações, os políticos criam um inimigo para tentar legitimar o que estão fazendo; mas, do ponto de vista histórico, percebe-se que essa é uma prática muito infantil. Assim como os nazistas justificaram suas ações ao considerar os judeus como inimigos, esses políticos tendem a justificar e racionalizar suas ações jogando a culpa nos outros como se fossem seus inimigos. Sem dúvida, o ódio precisa ser superado pelo amor.

O contrário do amor é a inveja, que constitui a base do ódio

Costuma-se dizer que "o contrário do amor é o ódio", mas eu diria que é a inveja a origem do ódio. Quando uma pessoa tem inveja, inevitavelmente passa a ter vontade de rejeitar ou menosprezar a outra pessoa.

Essa foi uma das iluminações que alcancei quando jovem. Também já vivi diversas emoções na mocidade, como o espírito competitivo, o sentimento de superioridade e o complexo de inferioridade. Porém, percebi

• As leis da fé •

que ter inveja de alguém mais brilhante do que eu só porque me sentia inferior não iria me trazer nem um pouco de felicidade. Em vez disso, esforcei-me para admirar e elogiar aquelas pessoas capazes de executar rapidamente tarefas que eu não conseguia fazer. Depois disso, minha visão de vida mudou.

Se você inveja uma pessoa ou a considera sua inimiga, provavelmente ela também vai encará-lo como inimigo, e vocês vão querer se evitar. Por outro lado, se você acha que ela é uma boa pessoa, o sentimento de alguma forma será transmitido a ela, que se tornará sua amiga. Dessa forma, você poderá fazer parte de um grupo de pessoas brilhantes, isso será positivo para você. Para a outra pessoa também, uma vez que ela poderá desenvolver ainda mais seu caráter.

5
O mundo precisa do amor de Deus

✧   ✧   ✧

*O amor do político deveria ser a vontade
de fazer a população feliz*

O que o mundo precisa agora é de amor. Você pode achar que o contrário do amor é o ódio, mas eu gostaria de esclarecer que é a inveja. Se a inveja incita a competição e faz com que duas pessoas se odeiem, isso deve ser corrigido.

Recentemente, o desenvolvimento nuclear e os disparos de mísseis da Coreia do Norte tornaram-se um problema. Entendo que o país está fazendo o possível para se igualar aos Estados Unidos, mas grande parte de sua população não manifesta emoções nem faz nada além do que for ordenado. É uma nação completamente totalitarista e comunista. Os países com esses sistemas tentam obter resultados usando um grande número de pessoas, que são apenas ferramentas.

As nações democráticas não são assim; consideram o ser humano como um objetivo, e não um meio. Em última instância, para essas nações o importante é que o ser humano alcance a felicidade, conquiste a autorrealização e cresça por meio da prática da liberdade. É isso o que todos os países deveriam almejar. Nesse sentido, penso que os dois tipos de nação não podem ser abordados igualmente.

Todo país tenta impulsionar a defesa nacional estimulando o sentimento de patriotismo entre seus cidadãos, mas é preciso verificar se esse país tem um regime que proporciona felicidade ao seu povo.

Em 29 de junho de 2017, o presidente chinês Xi Jinping foi a Hong Kong e disse em seu discurso que, embora fosse manter a política de "um país, dois sistemas", não perdoaria nenhuma desobediência contra o poder. Mas creio que os honcongueses que assistiram à minha conferência[39] no local não vão obedecer Xi Jinping tão facilmente. A população deveria ter o direito de buscar a própria felicidade.

O "amor do político" não deveria ser a vontade de fazer a população feliz? Sinto que hoje os políticos estão mais preocupados com o amor para si ou para seus aliados, e isso se aplica também ao Japão. Eu gostaria de perguntar a esses políticos se eles de fato amam a população do seu país. Se amam, deveriam pensar em exercer sua atividade por outro ponto de vista.

---

39 Palestra "The Fact and the Truth" ("O Fato e a Verdade"), realizada em 22/05/2011 em Hong Kong. Ver *Okawa Ryuho Phillipines / Hong Kong junshaku no kiseki* ("Ryuho Okawa – trajeto da viagem missionária nas Filipinas / Hong Kong", Tóquio: IRH Press, 2011).

Pratique o amor de Deus em suas palavras e atitudes diárias

Eu gostaria que você soubesse que, no final, não existe nada sem o amor de Deus. Saiba que, se não houver o amor de Deus nas palavras e nas atitudes que expressam amor, ou no resultado dessas ações, nada disso terá valor e não será nada.

Procure sempre refletir o que é o amor de Deus; ao fazê-lo, coloque em ordem sua vida cotidiana, aprofunde seu estado de espírito e construa um histórico de ações corretas, sempre pensando o que é amor de Deus.

Eu também gostaria de lembrar que aquele que Jesus chamou de "Senhor" e Maomé chamou de "Alá" são o mesmo Ser. E aquele que os judeus, que se tornaram inimigos dos cristãos e dos muçulmanos, chamaram de "Elohim" também é a mesma Entidade. Esse Ser nasceu na Terra e vive agora sob o nome "El Cantare". Talvez o tempo que me resta não seja tão longo assim, mas desejo ir até o final pregando as Leis para sua conclusão. Juntos, vamos continuar fazendo grandes esforços para o futuro.

- Palavras que vão transformar o amanhã 2 -

O amor serve para libertar a outra pessoa, pois acredita na bondade de seu coração

Comece com o "amor que se dá".
Estabeleça suas metas diárias
Com base no amor que pode dar aos outros.
Que tipo de amor você consegue
Dar às pessoas e à sociedade?
O amor é uma bênção.
Ele é benevolência, a força
Que procura nutrir os outros.

Amar é dar coragem, força
E esperança para viver
Às pessoas que estávamos destinados a encontrar
Ao longo da vida.

Olhando dessa maneira, percebemos que o amor
É o próprio coração de Deus,

Que nutre e educa todos os seres vivos,
Ajudando-os a criar uma grande harmonia.
É a vontade de fazer tudo crescer.

Quando você está determinado a começar
Pelo "amor que se dá",
Seu coração entra em sintonia com Deus
E passa a brilhar com a Luz divina.
Se o espírito de nutrir os outros brotou em você,
Significa que você começou a ter misericórdia
Como filho de Deus.

O amor pode seguir em duas direções:
O "amor que toma" e o "amor que se dá".
O "amor que toma" é o tipo de amor apegado,
Enquanto o "amor que se dá" é aquele
Que abandonou qualquer desejo egoísta
Ou de autopreservação.

Um amor obsessivo, que quer agarrar alguém
E controlar o coração dessa pessoa,
Não pode ser chamado de "amor que se dá".

Por mais que você gaste dinheiro
Ou cubra uma pessoa de presentes,
Se seu objetivo for amarrá-la a você,
Como um pássaro capturado
E mantido numa gaiola,
Esse não é o "amor que se dá",
Mas o "amor que cobra", ou o amor do apego.

O verdadeiro amor é isento de ego,
Não espera recompensa
E não quer nada em troca.
É um amor que ajuda a outra pessoa a crescer
E se desenvolver livremente.
O amor não amarra o outro.
Ao contrário, liberta-o,
Pois acredita na bondade de seu coração.

Capítulo TRÊS

O portal para o futuro

*Use seus trinta mil dias de vida
em prol do mundo*

1
Tenha um despertar na fase inicial de sua vida e estabeleça seus propósitos

✧ ✧ ✧

Observe sua vida pela perspectiva dos trinta mil dias que você tem para viver

Este capítulo baseia-se em uma palestra minha ocorrida em 9 de janeiro de 2017, quando se comemora o Dia da Maioridade[40] no Japão, sobre o modo como devemos conduzir nossa vida como seres humanos.

Os jovens que hoje estão com 20 anos provavelmente acreditam que ainda têm um longo caminho pela frente. Eles devem ter sentido que o período entre os 10 e os 20 anos passou devagar, e eu também tive essa mesma sensação.

Dos 20 aos 30 a pessoa fica absorta; há muitas questões a serem trabalhadas com afinco para que ela consiga se tornar um adulto produtivo e independente. Nesse

---
40 O Dia da Maioridade é um feriado japonês que ocorre todos os anos na segunda segunda-feira de janeiro. Trata-se de uma data importante que comemora a passagem para a vida adulta. No Japão, a maioridade é obtida ao atingir os 20 anos de idade; as prefeituras e administrações locais organizam cerimônias e fazem discursos para incentivar os jovens e homenagear os novos adultos. (N. do E.)

período, a pessoa leva muitas repreensões para aprender sobre o trabalho e demora a acumular experiências novas na vida pessoal. Algumas vezes, a pessoa se sentirá envergonhada ou desanimada, e esse é o momento certo para avaliar quais lições ela deve reforçar para que possa se recuperar.

Muita gente se casa após os 30 anos, quando o tempo parece acelerar: você se envolve em várias atividades, passa a estar sempre ocupado, imaginando como arranjar tempo para si. Então, antes que se dê conta, você alcança o que a sociedade chama de "idade de se aposentar" e encara um limite de tempo para sua carreira. Quase todo mundo passará por isso.

A maioria das pessoas da minha geração, hoje na faixa dos 60 anos, está se aproximando da "última estação de trem". No entanto, algumas consideram que esse é um novo ponto de partida e renovam seu ânimo se esforçando para experimentar coisas novas. Para elas, a vida ainda tem um tempo de sobra, e isso se deve à postura mental que adotaram.

Como escrevi em *As Leis da Missão*[41], a vida do ser humano na Terra dura cerca de trinta mil dias; na verdade, essa duração é mais longa do que a média. Se você estiver perto dos 60 anos, já terá usado mais de vinte mil dias, de modo que talvez ainda lhe restam mais uns dez

---

41 São Paulo: IRH Press do Brasil, 2017.

mil dias de vida. Cada dia é como um grão de areia numa ampulheta; todo dia cai um grão. Mas não adianta falar isso para alguém que tenha 20 anos de idade, pois não vai entender bem. Muitos jovens talvez pensem que ainda dispõem de muito tempo, e que podem gastá-lo à vontade. Os adolescentes, por sua vez, devem achar que terão uma vida muito mais longa no futuro. Porém, a verdade é que a vida na Terra é limitada e chega ao fim antes do que você imagina, sem que você tenha de fato realizado algo. Tenho certeza de que muitas pessoas da terceira idade concordam comigo; provavelmente elas perceberam essa realidade na segunda metade da vida. Por isso, é muito importante despertar para esse fato o quanto antes.

*Primeiro estabeleça seus propósitos
e, depois, se convença a alcançá-los*

Eu gostaria de recomendar àqueles que acabaram de chegar à maioridade que estabeleçam novas resoluções para o futuro. Nunca é tarde demais para fazê-lo. Talvez seja muito cedo; contudo, nunca é tarde para tomar essa decisão. Não é fácil estabelecer propósitos e continuar se empenhando desde jovem para alcançá-los. Você deve despertar para o que acredita ser sua vocação, e para descobri-la precisa entrar em uma jornada de autodescoberta estudando vários assuntos, praticando esportes, participando de eventos culturais, relacionando-se com os amigos, tendo contato com valores diversos ou viajando para outros países.

Talvez você esteja vivendo uma rotina comum, fazendo coisas como trabalhar ou sustentar a família, mas é fundamental para um jovem descobrir sua verdadeira vocação, algo que o faça pensar: "Nasci para fazer exatamente isso". Não é tão fácil encontrar uma profissão à qual você gostaria de dedicar sua vida toda. A maior parte das pessoas passa por um longo processo de tentativa e erro até encontrar o caminho adequado.

Esse assunto diz respeito a todo mundo. Quando eu estava com 20 anos, se alguém me dissesse na época que pelos próximos quarenta anos eu iria fazer aquele mesmo trabalho, provavelmente eu teria dito: "Ah, não! Está brincando, não é?". Embora às vezes seja melhor não saber nada sobre o que nos espera, as coisas que precisamos fazer só aumentam com o passar do tempo.

Em 1987, pouco antes de completar 31 anos, realizei uma palestra[42] na qual afirmei: "No início, conduzirei uma reforma religiosa por cerca de dez anos. Depois, provocarei reformas em diversas áreas, como a política, a educacional, a artística e a cultural, entre outras". Tenho trabalhado o tempo todo nessas atividades para

---

[42] Refere-se à conferência de 1987 "O Princípio da Felicidade", transcrita em *As Chaves da Felicidade* (Ryuho Okawa, São Paulo: Cultrix, 2010).

alcançar esses objetivos, mas não tem sido fácil. Isso requer um tempo tremendo e muita energia.

Mesmo que eu diga para os jovens: "Daqui para a frente há tudo para vocês fazerem", talvez eles não acreditem. Portanto, primeiro estabeleça propósitos elevados e determine como pretende alcançá-los. Tenha sempre objetivos em mente. Em seguida, é importante você convencer a si mesmo a atingir suas metas. Por fim, haverá momentos em que a sua intenção vai colidir com a realidade. Você precisará romper as barreiras que irão surgir e ao mesmo tempo se perguntar por que precisa realizar esse objetivo de qualquer modo.

É extremamente difícil destacar-se no Japão, dentre mais de 120 milhões de habitantes

Só no Japão vivem mais de 120 milhões de pessoas. Dizem que a população japonesa está diminuindo, mas, mesmo assim, há mais de 100 milhões de habitantes no país. Destacar-se no meio dessa multidão não é tão fácil assim.

Recentemente, a Happy Science começou a trabalhar na área de entretenimento. Alguns de nossos membros estão participando de filmes e seriados diversos. Contudo, não está sendo fácil abrir caminho, pois existe uma competição violenta nessa área. Observando somente as estrelas mais famosas, muitas pessoas devem pensar que gostariam de ser como elas, achando que tiveram sucesso fácil; mas, na melhor das hipóteses, apenas uma em cada 10 mil pessoas consegue ter seu sustento como profissional desse ramo. E apenas uma em um milhão se torna uma estrela de sucesso que aparece em todo lugar e fica famosa. Por isso, não é um setor tão fácil assim.

Aqueles que se esforçam para se tornar uma estrela, em geral, levam uma vida de trabalhos temporários, e é nessas circunstâncias que participam incansavelmente de testes de elenco. Tentam cinquenta ou cem vezes passar em um teste. Esse é o tipo de vida que levam.

Isso não ocorre somente no mundo do cinema. Aqueles que almejam a carreira de escritor também vivem essa concorrência. Por exemplo, há um escritor que escreveu um romance baseado em sua experiência de trabalhar em lojas de conveniência e ganhou o prêmio Akutagawa[43]. Ao que parece, embora tenha recebido o prêmio, ele continua trabalhando no mesmo emprego, porque sua editora recomendou que ele não pedisse as contas. A realidade desse setor é dura assim. Em geral, não se consegue pagar as contas só por conquistar um prêmio, pois não se sabe se esse escritor é capaz de escrever uma segunda ou terceira obra e, assim, se tornar profissional. O primeiro

---

[43] Respeitado prêmio literário japonês concedido semestralmente a um novo escritor que tenha produzido a obra literária de maior destaque no período do avaliado. (N. do T.)

prêmio conquistado nada mais é do que o portão de entrada para uma carreira de sucesso.

Antigamente, muitos japoneses se empenhavam nos estudos desde criança, conseguiam se matricular em uma faculdade de elite e, assim, construíam um ótimo currículo escolar. Desta forma, eram capazes de tomar o rumo do sucesso garantido, não importando se cresceram no campo ou na cidade. Entretanto, hoje infelizmente a realidade é muito mais difícil.

Na época da administração Koizumi, por volta do ano 2000, eram frequentes expressões como "grupo dos vencedores" e "grupo dos perdedores", que hoje caíram em desuso. Isso significa que os japoneses entraram em uma era na qual não existem mais "vencedores". Quando um indivíduo parece ser um vencedor, logo é "abatido", por isso não há mais ninguém desse grupo. Existe uma enorme força que puxa as pessoas para o nível mediano ou abaixo da média. É uma era em que somente pessoas medíocres podem desfilar no meio da sociedade. É uma situação crítica.

2
A Happy Science é capaz de fazer previsões para o futuro

✧ ✧ ✧

A evolução da Happy Science em mais de trinta anos e nossas previsões para os próximos anos

A bolha econômica japonesa terminou por volta de 1990, mas naquela época o Japão era o país mais competitivo do mundo. A Happy Science entrava em seu quarto ano de atividades desde sua fundação e caminhava em um bom ritmo. Enquanto a sociedade passava por um período econômico turbulento, nós estávamos ativos e avançando a toda velocidade sem nos incomodarmos com essa questão.

Então, na primeira metade da década de 1990, diversas revistas semanais começaram a nos criticar, fazendo comentários do tipo: "Eles têm consciência de que estamos passando por uma crise por causa do estouro da bolha?". Apesar disso, eu estava concentrado no trabalho porque tínhamos acabado de iniciar nossas atividades e víamos sem dúvida um futuro promissor à nossa frente.

Durante cinco anos consecutivos, de 1991 a 1995, realizei grandes conferências no Tokyo Dome[44]. Mas, quando as pessoas começaram a ver a enorme divergência entre as matérias dos jornais e as atividades do nosso movimento, passaram a nos enxergar por um prisma negativo. Havia uma intensa tempestade de inveja e a infestação de grupos religiosos malignos. Não pude deixar de sentir certa responsabilidade, e resolvi dedicar mais tempo para consolidar a base da organização adotando uma postura mais adulta, menos provocativa em relação ao ambiente externo.

Particularmente, 1995 foi o ano em que houve o ato de terrorismo cometido pela seita religiosa japonesa Aum, que realizou ataques com gás sarin em várias estações do metrô de Tóquio. Na época, afirmamos que éramos um grupo religioso totalmente diferente e que o incidente não tinha nenhuma ligação conosco. Aliás, nós cooperamos para a solução desse caso. Apesar disso, a sociedade tratava todos os novos grupos religiosos do mesmo modo, dizendo que eram todos bons ou todos maus. Nessa situação, considerei que talvez a Happy Science tivesse alguma responsabilidade pela imagem que o público tinha da religião; então, decidimos agir de forma mais discreta e mudar a maneira de cumprir com nossas

---

[44] O maior estádio de beisebol do Japão. Sua fama é semelhante à do Maracanã no Brasil. (N. do T.)

atividades. Por um lado, reduzimos o número das grandes conferências voltadas ao público geral. Por outro, expandimos a construção de templos por todo o Japão e, para acumular forças internamente, capacitamos pessoas e desenvolvemos material para o trabalho missionário e educacional. Conduzimos nossas atividades dessa maneira por cerca de dez anos, fazendo nossa força parecer menor do que era na realidade.

Depois, emergimos de novo: reiniciamos de maneira intensa o trabalho missionário por todo o Japão, ao mesmo tempo em que avançámos na difusão em outros países. Fundamos nosso partido político e ampliamos nosso empenho na área educacional. Permanecemos dez anos ou mais acumulando forças em silêncio para, só depois, retomarmos nossas atividades voltadas ao público externo. Nesse ínterim, muitos grupos que competiam conosco foram desaparecendo. Nesse sentido, nossa atitude foi uma estratégia provida de sabedoria.

Não é tão fácil manter-se vencendo e avançando constantemente na sociedade, da mesma forma que um trem avança sobre os trilhos. É irônico notar que, quando você é o centro das atenções, muitas vezes passa por períodos difíceis, e quando ninguém está lhe dando atenção, frequentemente você consegue progredir.

O difícil é encontrar a dosagem certa da notoriedade. Provavelmente ocorre o mesmo em seu trabalho. Quando parece que você está mostrando um desempenho extraordinário e obtido reconhecimento, acaba descobrindo muitos inimigos e olhares hostis ao seu redor. Quando sua empresa está com ótima reputação e, internamente, o clima entre os funcionários é de satisfação, nesse momento pode haver a aproximação sorrateira de um inimigo externo ou talvez aconteça algo que arruíne o cenário do seu setor de atuação. Em muitos casos, as situações se invertem por completo; por isso, devemos sempre ser bem cautelosos.

Em 2017, a Happy Science completou 31 anos desde sua fundação. Nesse período, almejei apenas executar o que precisava ser feito, tendo perseverança quando era preciso, suportando as dores inevitáveis, acumulando forças indispensáveis e tendo paciência para esperar, imaginando que, depois de atuar por trinta anos, seríamos reconhecidos como parte da sociedade. Porém, ao contemplar o mundo, vejo que ainda há muito trabalho que requer nosso empenho; mas, nas circunstâncias atuais, infelizmente sinto que nossa capacidade está muito aquém.

Considero que chegou o momento para mais uma vez acelerarmos nossas atividades. Foi por isso que, em 2017, depois de um longo período, realizei de novo uma conferência no Tokyo Dome[45] para um grande público. Está na hora de promovermos nossas atividades de coração e alma.

---

45 Palestra "A Escolha da Humanidade", realizada em 2/8/2017, que foi incorporada neste livro como o sexto capítulo.

Poupar forças não é tarefa fácil e requer esforço também. Enquanto fazemos isso a idade avança, o que não é bom. Se não exercitamos o corpo, logo envelhecemos e perecemos, e trabalhar nesse estado seria árduo. Em outras palavras, depois que nos tornarmos fracos será muito tarde para agir; portanto, devemos pisar fundo agora. Caso contrário, não conseguiremos cumprir nossa verdadeira missão.

Arranjar tempo para cultivar novos seguidores

Em 2017, publiquei *As Leis da Missão*. A julgar pelo título, não parece ser o tipo de livro que vai se tornar um *best-seller*[46]. Na verdade, muita gente concorda e diz: "Você acha mesmo que um título desses vai vender? Desse jeito, não consigo nem recomendá-lo a outras pessoas". Essa poderia ser uma reação geral, mas a Happy Science é justamente uma organização capaz de tal proeza. Talvez qualquer pessoa consiga fazer com que se torne *best-seller* um livro com potencial para isso. Mas nossa incumbência é justamente transformar em *best-seller* um livro que aparentemente não tem condições. Portanto, estamos determinados a fazer com que *As Leis da Missão* se torne o *best-seller* do ano, um sucesso de vendas.

---

[46] O título original em japonês de *As Leis da Missão* é *Dendō no Hō*, cuja tradução literal é *As Leis do Trabalho Missionário*. (N. do T.)

A Happy Science tem publicado *best-sellers* há 26 anos consecutivos, e peço sinceras desculpas às demais editoras. Elas devem estar frustradas tentando imaginar de que maneira conseguimos criar um sistema capaz de produzir *best-sellers* todos os anos.

Quando se trata de livros voltados para o público geral, alguns títulos podem ter boa aceitação e outros, não. Algumas pessoas têm um autor preferido, mas isso não significa que vão gostar de todas as obras dele. Dificilmente um autor consegue estabelecer com seus leitores uma relação semelhante à dos "fiéis de uma religião". Isso ocorre porque não é fácil formar pessoas que se reerguem por mais que sejam pisoteadas.

É preciso cerca de trinta anos para adquirir essa resistência. É um processo parecido com o preparo do bolinho de arroz *mochi*[47] para o Ano-Novo: leva certo tempo para que o arroz em grãos seja socado até formar uma massa. Do mesmo modo, não se pode formar fiéis de imediato; os indivíduos precisam passar por situações tanto favoráveis como desfavoráveis, experimentar

---

[47] Massa branca feita de arroz ou bolinho feito com essa massa. Pronuncia-se /motí/. De consistência viscosa, quando puxada a massa estica em vez de se partir. No Japão, existe o costume de pilar o *mochi* como evento comunitário de Ano-Novo. No preparo, usa-se um martelo de madeira grande e pesado; por isso, os piladores se revezam após alguns minutos. O pilador é geralmente alguém de certo prestígio, pelo menos no começo do preparo. Depois de formada a massa, o *mochi* é separado em bolinhos, que são oferecidos aos deuses e, em seguida, usados para preparar pratos salgados e doces. (N. do T.)

a felicidade e a infelicidade para, finalmente, se tornar verdadeiros seguidores.

Nossa instituição consegue se posicionar com segurança perante os meios de comunicação, em boa parte graças aos fiéis – que hoje formam um *mochi* preparado com o devido tempo e que teve macerado todos os grãos –, que estão dando o melhor de si. Nesses trinta anos ocorreram todos os tipos de situações, mas eles têm me seguido firmemente. Sinto-me comovido e profundamente grato a eles.

Por que tenho aparência jovem e pareço não envelhecer

Algumas pessoas aparentavam ser tão jovens quanto eu quando fundamos nossa organização, e hoje parecem bem mais envelhecidas do que eu. Às vezes nem reconheço algumas delas.

Quando penso no trabalho que elas têm feito com tanto empenho por um período tão longo, meus olhos se enchem de lágrimas. Dias após dia, me emociono com seus esforços tão empenhados.

Assim como eu, muitos de nossos seguidores estão envelhecendo. Mas ainda acho que pareço um pouquinho mais jovem. É uma questão de atitude. Sinto que estou na metade do percurso. À semelhança da Maratona Universitária Tóquio-Hakone de Revezamento[48], tenho consciência de que preciso completar o percurso de retorno da maratona, que possui a mesma distância do trecho que já percorri; por isso, ainda estou longe de terminar meu trabalho. Ao contrário, sinto que o verdadeiro trabalho está começando agora.

Enquanto éramos um grupo pequeno, o público geral não prestava muita atenção em nós, mesmo quando fazíamos comentários surpreendentes. Eles não levavam muito a sério o que dizíamos. No entanto, depois que atingimos um tamanho considerável e a sociedade passou a nos reconhecer, as pessoas começaram a nos ouvir atentamente em vez de ficarem ofendidas, mesmo quando expressávamos nossas opiniões com severidade. É um fenômeno muito curioso: enquanto não construímos um histórico de realizações perseverando por muito tempo, a sociedade não nos dá muita confiança.

A previsão para a economia e a política mundiais: grandes turbulências em 2017

Nós divulgamos antecipadamente nos jornais japoneses a conferência que deu origem a este capítulo, rea-

---

[48] Conhecida como Hakone Ekiden, essa maratona de revezamento é realizada no Ano-Novo, com duração de dois dias. O percurso completo (Tóquio-Hakone-Tóquio) tem 218 km. (N. do T.)

lizada no centro de convenções Pacifico Yokohama, e sua transmissão via satélite para todo o Japão. Aparentemente, algumas autoridades ficaram incomodadas.

Na manhã da véspera dessa palestra, senti a presença de alguns espíritos, ou a combinação dos pensamentos fortes de uma pessoa viva e de seu espírito guardião. Fiquei surpreso por receber aquela visita tão cedo, bem no Ano-Novo. Percebi, então, que era o espírito do primeiro-ministro Abe. Em seguida veio o espírito de Tomomi Inada, o ministro da defesa na época. Eles vieram com o seguinte pedido: "Por favor, não nos repreenda na conferência de amanhã".

Em uma palestra minha no final de 2016[49], fiz muitas críticas sobre os problemas que ocorriam na administração do governo, e parece que isso os afetou. Não vou entrar em detalhes aqui, mas sei que eles estão se esforçando bastante para obter resultados positivos, jogando golfe com pessoas importantes no começo e no final do ano. No meu caso, não posso gastar meu tempo assim; se nossos seguidores me vissem jogando golfe, ficariam desapontados e me abandonariam, e só de pensar nisso me dá arrepios. Apenas celebrar o Ano-Novo de uma maneira tradicional, participando do preparo de

---

[49] Palestra "O Caminho para a Verdade", realizada em 7/12/2016, registrada no livro *Han'ei e no Ketsudan* ("A Decisão para a Prosperidade", Tóquio: IRH Press, 2016).

um *mochi*, seria uma atitude aceitável, mas jogar golfe em Chigasaki[50] com o intuito de fazer um preparo físico para depois viajar para a Rússia, como fez o primeiro-ministro Abe, seria demais. Fico admirado com a existência de pessoas assim no mundo, com tanto vigor.

Alguns dos meus leitores talvez esperem que eu compartilhe minhas opiniões sobre fatos atuais ou sobre o cenário econômico no nível nacional ou em uma escala mais ampla. Por exemplo, muitos querem saber sobre as flutuações do mercado para obter um grande lucro. Talvez me perguntem: "Qual a previsão da bolsa de valores sob a administração Trump? Até quanto e até quando vai subir? Quando vai cair e quais serão as consequências? Se o senhor me mostrar claramente em um gráfico, poderei lucrar bastante e doar metade do que ganhar". Mas como isso seria uma trapaça, não devo explicar esses detalhes.

Entretanto, o que eu posso dizer é que, em 2017[51], a bolsa oscilará muito, descontroladamente. Alguns ganharão muito, outros perderão bastante. Quem está atuando nela há muito tempo sairá no prejuízo. Por isso, pense muito bem e se, mesmo assim, você tiver vontade de atuar, vá em frente. Mas será difícil sair ganhando sempre. Haverá tendências de alta e outros momentos de baixa.

---

50 Cidade para onde o primeiro-ministro Abe costuma ir para jogar golfe.
51 Essas previsões foram feitas numa palestra realizada no final de 2016.

Uma situação semelhante de flutuações violentas também ocorrerá na esfera política. Haverá momentos em que as coisas irão fluir bem, e outros em que tudo parecerá desmoronar. Uma hora você pode ficar tenso: "Cuidado! Talvez vamos enfrentar crise". Em outro momento, virá o alívio: "Até que deu certo". Serão situações diversas.

O ponto forte do Partido da Realização da Felicidade é ter visão

O apoio popular ao PRF tem se mantido em um nível estável; por isso, provavelmente não é preciso fazer grandes mudanças no partido. Apesar disso, nós temos de continuar tentando de tudo, avançando em todas as oportunidades que surgirem. Em minha opinião, devemos começar a aumentar o ritmo nessa frente também. Não obstante, a influência do partido está aumentando constantemente. Por exemplo, em dezembro de 2016 a vice-presidente do nosso partido, Sakurako Jinmu, e o diretor de relações públicas da Matriz Internacional da Happy Science, na época dessa palestra o senhor Kazuhiro Takegawa, foram à Rússia e participaram de um fórum internacional[52]. Na prática, o PRF foi recebi-

---

[52] Fórum Nipo-Russo da Comemoração dos 60 Anos da Declaração Comum Nipo-Soviética de 1956, realizado no Instituto Estatal de Relações Internacionais de Moscou.

do como o convidado principal, em relação aos demais convidados japoneses.

Nessa reunião, Jinmu apresentou com convicção nossa política de querer estreitar as relações econômicas entre as duas nações estendendo a ferrovia Transiberiana até o Japão. Os russos concordaram plenamente, e também comentaram que a Rússia e o Japão poderiam cooperar para resolver a questão nuclear da Coreia do Norte. Parecia que eles já sabiam a opinião da Happy Science.

As redes de informação são impressionantes. Não é somente o Partido Democrata norte-americano que está sendo espionado pela inteligência russa; as declarações feitas em japonês pela Happy Science também chegaram a diversos lugares naquele mesmo dia. Essa influência está alcançando até os "poderosos", mais do que os meios de comunicação japoneses imaginam. Hoje, estende-se até o "coração do mundo", por isso, eu gostaria que os fiéis tivessem autoconfiança. As ações da Happy Science estão começando a ter uma influência global.

Enquanto o primeiro-ministro Abe estava se esforçando desesperadamente para estabelecer um canal de contato com o presidente Trump, do Partido Republicano, nosso partido já estava apoiando o líder americano em seu país.

A propósito, visitei a Trump Tower antes de Abe. Fui conhecer o edifício na ocasião em que realizei a conferência "Liberdade, justiça e felicidade" nos Estados Unidos, em 2016[53]. Isso é o que se pode chamar de previsão. Você consegue compreender? É muito importante ser capaz de enxergar adiante, seja nos empreendimentos, seja na administração de uma nação, seja nas atividades educacionais. É particularmente importante para os empresários, que têm muitos subordinados sob seus cuidados. Se eles erram na interpretação das relações internacionais e das tendências globais, vão provocar uma tragédia.

A tolice de generalizar casos específicos

Segundo me informaram, o governo japonês está sugerindo agora que a população encerre o expediente de trabalho às 15h na sexta-feira e vá se divertir, gastando dinheiro em lazer. A expectativa é que, com essa política de incentivo, a economia melhore e as pessoas se sintam mais felizes. Fiquei surpreso com o fato de que existe um país neste globo que adota uma política desse tipo. E mais: o governo está incentivando os trabalhadores e suas famílias a irem se divertir nos cassinos que deverão ser construídos. É muito assustador.

---

53 Palestra realizada na Crowne Plaza Times Square Manhattan, Nova York. Ver *Okawa Ryuho New York Junshaku no Kiseki Jishin, Seigi, Soshite Koufuku* ("Ryuho Okawa – trajeto da viagem missionária em Nova York: liberdade, justiça e felicidade", Tóquio: IRH Press, 2017).

Como já mencionei, o Japão ocupava o primeiro lugar em termos de competitividade internacional em 1990. Também naqueles tempos, muitas pessoas comentavam que era uma época de pesquisa e de resorts; era uma época de construir diversas áreas de resorts e de pensar em como as pessoas poderiam se entreter. Depois que o fundador da Sony, Akio Morita, viajou pelos Estados Unidos e pela Europa, ele começou a achar que no Japão se trabalhava demais, muito mais do que os ocidentais. Concluiu que os japoneses deveriam gastar mais tempo com atividades recreativas e incentivou as pessoas a tirar férias. Logo depois disso, porém, a economia do país mergulhou numa grande recessão.

Sinto algo parecido agora. Embora a economia japonesa tenha se mantido estagnada por um longo período, o que pode ser perigoso, alguns líderes estão dizendo: "Vamos todos nos voltar para a diversão. Gastem mais dinheiro e levantem nossa economia por meio de atividades de lazer". Isso me deixa preocupado e ansioso.

Comecei a achar que ultimamente tem havido muitos feriados, embora talvez seja apenas uma percepção distorcida minha.

Para a Happy Science, é gratificante ter um feriado prolongado, porque podemos aproveitar essas ocasiões para programar mais eventos durante esses dias de folga. Fico muito agradecido por ter mais chance de trabalhar. Mas não deixo de sentir que os funcionários japoneses têm cada vez menos trabalho. O país tem mais feriados nacionais que os Estados Unidos, e isso é um problema que me preocupa. Creio que o povo japonês deveria trabalhar um pouquinho mais.

Recentemente, um funcionário de uma grande agência de publicidade japonesa morreu por sobrecarga de trabalho, e o caso ganhou as manchetes. Desde então, começaram a surgir críticas violentas contra o excesso de trabalho e pessoas afirmando que deveriam trabalhar menos. Mas, se isso passar dos limites, haverá muitos desempregados no país. Portanto, precisamos pensar mais um pouco e analisar a situação com equilíbrio. Não é bom generalizar casos específicos.

Como interpretar as informações tendenciosas da mídia e tomar decisões com base nelas

Para ter uma visão imparcial dos acontecimentos precisamos ter em mente que parte dos profissionais da mídia – talvez mais da metade deles – tem a tendência de aumentar as notícias pequenas e minimizar as grandes. Precisamos prestar atenção, pois eles costumam fazer matérias curtas quando abordam os detentores do poder ou pessoas de grande influência, mas fazem grandes reportagens sobre assuntos de pouca relevância.

Por exemplo, o aumento de cervos na região de Hokuriku se tornou uma grande notícia, bem como a aparição do urso-negro-asiático em uma casa de banho termal. E quando estavam falando sobre a foto de um panda babando, minha mulher Shio Okawa, que publicou o livro *Panda-gaku Nyūmon* ("Introdução à Filosofia Panda", Tóquio: IRH Press, 2016), comentou alegremente: "Quando se trata de panda, basta ele babar para virar notícia. Que admirável".

Embora os jornais abordem eventos triviais com frequência, muitas vezes eles não dizem nada sobre assuntos cruciais. Enquanto isso, diversos casos importantes vão se desenrolando silenciosamente e às escondidas, e só quando alcançam enormes proporções é que vêm à tona de repente. É por isso que os escândalos passam despercebidos no estágio inicial.

Talvez a mídia tenha esse comportamento por achar que, se der um destaque maior às coisas pequenas, irá impressionar o público pelo teor inusitado e curioso, e se tratar assuntos de grande impacto, só vai parecer que ela está de acordo com o que já é conhecido ou que está seguindo o óbvio. Mas eu gostaria que você assistisse às notícias com cautela.

As práticas econômicas, políticas e diplomáticas japonesas alcançaram um nível tão baixo que não há muito a dizer. Sinto que não tem sentido fazer algum comentário. Pretendo comentar sobre esse assunto de tempos em tempos, porém a situação chegou a um nível em que não existe mais uma solução definitiva. Parece que as pessoas do governo não têm capacidade de compreensão; então, não há o que fazer. Mas, como tudo na vida, isso também vai passar. É claro, continuarei abordando essa questão quando necessário, mas concluo que só resta agirmos começando pelo que estiver ao nosso alcance.

Não sei quantos dias restam na vida de cada um, mas temos de valorizar cada dia. No Japão, costuma-se dizer que a vida tem trinta mil dias, mas eles passam num piscar de olhos. É impressionante como passam rápido; por isso, é extremamente importante seguir em frente a cada dia de sua vida, mesmo que seja um único passo, na direção que contribui para a humanidade ou para as gerações que viverão a próxima era.

3
A chave que abre o portal para o futuro

✧   ✧   ✧

Não se deixe enganar pelas filosofias e teorias que levam a sociedade e o indivíduo à degradação

Que tipo de atitude você precisa ter em mente para abrir o portal para o futuro? Uma delas é não se tornar dependente de políticas mais abrangentes ou das medidas adotadas por um Estado inflado.

As políticas governamentais podem até servir para facilitar ou dificultar a vida das pessoas, mas um país cujo governo precisa aumentar o salário mínimo de seus cidadãos não é um bom país. Uma nação assim já faz parte do grupo cuja liberdade está morta. Considere que ela está entrando na fase em que o espírito capitalista está morrendo e a democracia está perdendo seu brilho.

Talvez o ponto mais forte da democracia de massa seja a capacidade de preservar os direitos humanos fundamentais, mas, à medida que o povo tenta proteger esses direitos, o país como um todo pode gradualmente empobrecer. Hoje, no Japão, a caderneta de poupança não rende quase nada de juros. Estamos na era dos juros minúsculos, e o banco central do Japão está até implantando uma taxa de juros negativa. É certo que já não estamos nos tempos em que você conseguia enriquecer ou investir em grandes empreendimentos aproveitando o rendimento do dinheiro depositado como uma bola de neve.

Entretanto, eu gostaria de alertar que, mesmo que suas economias não deem lucro por causa dos juros baixos, isso não significa que você pode gastar seu dinheiro com extravagâncias. Cada pessoa deve analisar bem se está gastando em coisas realmente necessárias. Se você cair na conversa daqueles que estão apenas incentivando o consumo, seja no nível pessoal, seja no nível organizacional, entrará em uma situação difícil.

Seja pelo Partido Democrático, seja pelo Partido Liberal Democrata, o Japão está caminhando gradativamente para o Estado de bem-estar social ao estilo europeu. Mas qual país serve de modelo para o Japão? Talvez imitar um país europeu seja bom para conquistar o Prêmio Nobel, mas não é um modelo que o Japão deva almejar.

Em que direção o Japão deve seguir atualmente? Creio que o que se espera dele é elevar sua competitividade internacional, sua qualidade educacional e, ainda, emitir opiniões políticas e econômicas para ter a capacidade de liderar o mundo. Gostaria que o povo japonês pensasse bem para não caminhar para a degradação, tanto no nível pessoal como no coletivo. Não é porque o dinheiro da poupança está rendendo pouco que você deve sair gastando-o desnecessariamente ou distribuindo. Jamais pense assim. É melhor você ter consciência disso. Mesmo que a taxa de juros seja negativa e você precise até pagar por sua poupança, ainda assim é melhor guardar do que gastar totalmente. Considere que a taxa de juros negativos é uma "taxa de serviço de depósito". Pense que está deixando o dinheiro em segurança no banco, em vez de contratar uma seguradora. Se encarar desse modo, talvez concorde em pagar algumas taxas de serviço.

Não há nada mais tolo do que ter gastos desnecessários; o dinheiro que você adquiriu trabalhando arduamente é tão precioso que você deve gastá-lo com coisas realmente importantes para o seu futuro e para o futuro do mundo.

Desenvolva o hábito de priorizar como você gasta seu dinheiro. Esse é um ponto que devo enfatizar. Em outras palavras, não seja levado facilmente por filosofias que conduzem as pessoas ou o mundo à degradação.

Esforce-se com tenacidade por toda a vida, tanto no trabalho como no lar

Há outro ponto que preciso enfatizar. Nos próximos anos, vários países passarão a ser o centro das atenções, e talvez pareça que dentre eles está surgindo uma potência mundial. Nessa época, o importante para o Japão será a força da tenacidade. Nos últimos 20 ou 25 anos, o país parece estar retrocedendo aos poucos, mas não é necessário nenhum talento especial ou descoberta para reverter essa tendência. O principal é adquirir a capacidade de agir com perseverança até o fim.

É importante que todo cidadão sobreviva a cada dificuldade que surgir, até obter a força da tenacidade. O problema, porém, é que muitos ficam assustados e acabam desistindo. Em 1990, observei sinais claros de que o Japão poderia vir a ser a maior potência econômica do mundo em pouco tempo, mas teve medo e acabou recuando. Em minha opinião, o Japão deveria ter continuado a persistir, estabelecendo diversas metas para se tornar, de fato, o líder do mundo e alcançar mais um grau de evolução. O que mais contribuiu para o retrocesso foi a falta de pessoas capazes de mostrar essa visão.

O Japão tem hoje menos horas e dias de trabalho por semana que os Estados Unidos. Com isso, aos poucos o país está ficando para trás e os japoneses se sentem frustrados. Se esse desânimo está ocorrendo, há algo de errado; por isso, eu gostaria que a população pensasse em se esforçar um pouco mais para realizar trabalhos de qualidade. Isso é mais questão de *entusiasmo* do que talento. Além do mais, o entusiasmo só tem sentido se for sustentado pelo *esforço*, que deve ser feito para lhe dar um empurrão e você desenvolver *bons hábitos*. E, como resultado, é importante que você consiga realizar bons trabalhos com uma *tenacidade* que dura a vida toda. Claro, você deve valorizar seu trabalho atual, que constitui sua fonte de renda. Além disso, pense de que maneira pode manter um esforço contínuo no lar. Se você for um seguidor da Happy Science, é importante que se empenhe em participar com frequência das nossas atividades, embora talvez não consiga estar presente em todas. Mesmo assim, eu desejo que sobretudo os membros dedicados, que priorizam a participação nas nossas atividades quando há feriados prolongados, ou no final e no início de ano, tenham condições de vida cada vez melhores. Enquanto estudam nossa doutrina com afinco, espero que encontrem algo significativo que queiram manter por toda a vida.

4
Como será o seu futuro depois da morte?

✧ ✧ ✧

Depois da morte existe o outro mundo

Em alguns aspectos, a difusão de uma religião pode se parecer com o setor de vendas de uma empresa. Se você se conformar com as rejeições, sua atividade se encerrará por aí. Mas o trabalho missionário da religião não é uma atividade na qual se vende um produto para ganhar dinheiro. Ao contrário, trata-se de uma ação que acompanha algo muito mais profundo: sabedoria de vida.

No livro *As Leis da Missão* abordei o tema da difusão por diferentes ângulos, por isso, talvez seja difícil compreender tudo rapidamente, mas eu gostaria de dar uma breve explicação.

Se você observar o atual ambiente cultural japonês com base em suas tendências na educação, na sociedade e na mídia, por exemplo, provavelmente será levado a um mundo de total ignorância; em outras palavras, parecerá basicamente um mundo de "ateísmo materialista" ou de agnosticismo, que consiste na impossibilidade de conhecer a verdade. E quais são as consequências disso? O ser humano deixa este mundo ao terminar seus "trinta mil dias de vida". Provavelmente, mais da metade da chamada classe "intelectual" tem uma visão mecanicista do ser humano e acredita que este mundo é tudo o que existe. Creio que muitos pensam: "Não há coisas como mente ou coração. Tudo é efeito do cérebro. É ele que pensa e toma decisões. Se ele estiver danificado, não conseguiremos fazer mais nada. Portanto, entrar no estado vegetativo é o mesmo que estar morto". Mas isso está absolutamente errado. Depois de morrermos neste mundo, o outro mundo nos aguarda. Eu garanto 100% que ele existe, sem sombra de dúvida. Se, depois de morrer, você não encontrar o outro mundo, venha protestar. Vou lhe mostrar que ele existe. As pessoas têm uma vida no outro mundo, mesmo após a morte. Até aqueles que receberam uma educação materialista e não acreditam na existência de Buda ou de Deus, de anjos ou de *bodhisattvas*[54], e acham que a morte é o fim, irão descobrir igualmente que o outro mundo os espera depois da morte.

Seu estilo de vida vai mudar se você souber da existência do Céu e do Inferno

Ao retornar para o outro mundo, alguns indivíduos caem diretamente no Inferno. Esse é o destino daqueles que exerceram influências malignas sobre os outros

---

54 Seres do budismo equiparados aos anjos. Fazem aprimoramento espiritual para elevar sua iluminação e trabalham para salvar muitas pessoas.

ou os levaram para o caminho errado. Existem diversos tipos de inferno e, quando for preciso, darei mais explicações sobre eles.

Há também indivíduos que não eram maus enquanto estavam vivos, apenas não conheciam nada sobre o outro mundo e agora não sabem para onde ir; nesses casos, eles vão primeiro para uma espécie de "área intermediária" entre este mundo e o próximo e ficam por lá provisoriamente. As pessoas reunidas nessa área de transição costumam pensar: "O outro mundo não existe. Eu morri, não tenho mais um corpo físico, mas ainda estou aqui. Por quê? Quem sou eu? Que lugar é esse?".

Existem seres espirituais nesse local cuja função é ensinar os recém-chegados e, aos poucos, determinar qual será o destino deles no outro mundo. Ao acatar essa orientação, alguns compreendem a situação e vão para o Céu, enquanto outros vão para o Inferno a fim de passar por um treinamento espiritual. Isso pode ocorrer num futuro próximo ou distante – vai depender de cada pessoa –, mas com certeza você e todos os seus conhecidos passarão por essa situação.

Para comprovar esses eventos, tenho conduzido mensagens e leituras espirituais em público. Depois que iniciei as Mensagens Espirituais Testemunhadas, já realizei mais de setecentas sessões[55]. Eu mesmo acho que essa

---

55 Até novembro de 2017.

não é uma tarefa tão fácil. Há pessoas capazes de escrever um ou dois romances, mas não é possível uma pessoa criar mais de setecentas obras de "diferentes tipos de mensagens espirituais", nem de longe, mesmo que fossem quadrinhos. É lógico que não, pois, como se trata da Verdade, o roteiro desses assuntos já está pronto.

É muito importante ensinar a todos que o outro mundo existe. Saber disso antecipadamente irá determinar seu caminho ou seu estilo de vida neste mundo. Se você tem consciência de que o outro mundo existe, pode definir previamente sua maneira de viver neste mundo e, também, se preparar para a vida após a morte. Você mesmo poderá encontrar as respostas sobre o modo de levar sua vida sem remorsos até a hora da sua morte. Ao saber o que o espera no pós-vida, pode determinar sua conduta de antemão e, também, salvar outras pessoas que estão perdidas.

A força da Verdade Búdica abre o caminho
da salvação para seus antepassados e
parentes que estão perdidos

Na verdade, existem inúmeras pessoas que estão perdidas no outro mundo sem saber que já morreram, mesmo depois de cinquenta anos. Por exemplo, dentre as almas dos soldados que morreram na Segunda Guerra Mundial, há as que se concentraram no Santuário Yasukuni[56]. Há almas que vieram de Okinawa; outras, de Leyte (Filipinas). No entanto, como elas nunca haviam recebido uma explicação sobre o outro mundo enquanto estavam vivas, ainda estão vagando pelas redondezas. Parece que os sacerdotes xintoístas do local não conseguem encaminhar essas almas para o mundo espiritual. Infelizmente, não será possível salvá-las se seus familiares vivos não adquirirem iluminação. Nesse sentido, as almas que continuam vagando, mesmo depois de cinquenta ou setenta anos de sua morte, poderão ver o caminho da salvação finalmente se abrir quando surgir algum familiar ou parente que desperte e passe a conhecer a Verdade.

Partir para o trabalho missionário que salva a alma de muitas pessoas

O caminho para o trabalho missionário é o da salvação do maior número possível de seres humanos. É uma tarefa extremamente valiosa que significa salvar a alma de muitas pessoas no verdadeiro sentido, mais importante até do que as práticas do amor e as ações de salvação no contexto deste mundo. Para tanto, a Happy Science está realizando diversas atividades tipicamente terrenas para promover seu trabalho missionário, mas sabemos

---

56 O Santuário Yasukuni é onde foram sepultados os corpos dos soldados japoneses que lutaram na Segunda Guerra Mundial.

• O PORTAL PARA O FUTURO •

a diferença entre as ações conduzidas como um recurso e aquelas que devem ser realizadas como religião. Eu gostaria que você encarasse as várias diretrizes de atividades estabelecidas pela Happy Science tendo em mente essa diferença.

Por exemplo, lançamos nosso novo filme, *O Mundo em que Vivemos*[57], em maio de 2017. Provavelmente, esse é o melhor filme que produzimos até hoje. Ele possui um conteúdo espiritual que vai ajudar você a compreender a Verdade enquanto se entretém. Espero que tenha a oportunidade[58] de assisti-lo.

Tendências recentes demonstram que, quando um filme se torna popular no Japão, ele ganha destaque e é amplamente aceito no exterior. Por isso, desejo produzir mais filmes que promovam a disseminação da Verdade no Japão e, ainda, possam ser igualmente úteis aos estrangeiros.

Hoje, vivemos numa época em que, ao adquirir o conhecimento do verdadeiro mundo, qualquer pessoa – sem exceção – pode recomeçar sua vida e orientá-la para um bom rumo em direção ao Mundo Celestial. Saiba que as pessoas que vivem na presente era estão presenciando o momento da abertura de um novo portal para um futuro promissor. Por favor, não deixe de abrir esse portal para o futuro com suas próprias forças.

---

57 Produtor executivo Ryuho Okawa.
58 Este filme pode ser assistido nas unidades da Happy Science.

- Palavras que vão transformar o amanhã 3 -

Tenha uma forte convicção na riqueza

Muitas vezes você não percebe que
O que ocorre diante dos seus olhos
É aquilo que realmente você havia desejado.

O que você pensou na consciência superficial
Está diferente daquilo que você pensa repetidamente
Nas profundezas de sua mente, ou no subconsciente.
É por isso que você acha
Que surgiu um resultado diferente do que esperava.

Porém, com frequência
As pessoas ao seu redor vão ver e pensar:
"Mas não era isso que ele queria?".

Às vezes, uma pessoa afirma:
"Quero ganhar mais dinheiro. Quero ser rico".
Mas quando você a observa,
Não parece que ela tem esse desejo.

Você fica na dúvida, perguntando-se se ela
Quer mesmo ser rica e próspera.
Porque existe uma discrepância
Entre o que ela deseja
E o que ela realmente diz e faz para consegui-lo.

Se você quer ser rico,
Não deve odiar a riqueza.
Não deve odiar ser abastado.
Também não deve considerar o sucesso
Como algo ruim.

Se você diz que quer ser rico da boca para fora,
Mas no fundo do coração está negando o sucesso,
Algo vai bloquear o seu caminho,
E você poderá usar isso mais tarde
Para justificar seu fracasso.
Por fim, você não conseguirá enriquecer.

Por exemplo, justamente no momento
Em que seu negócio
Está para entrar na trilha do sucesso,

Você adoece, sofre um acidente,
É importunado por algo ou surge um rival,
E o que planejou acaba não dando certo.
Isso ocorre porque, no fundo do coração,
Você não deseja que o negócio
Entre no caminho certo.
Você não mantém seus pensamentos
Focados no sucesso.
Sua crença é fraca
E você não consegue acreditar plenamente
Que o pensamento se torna uma força real.
Isso não é tão fácil de entender.
Então, quando você deseja algo,
Talvez até consiga manter um pouco o pensamento,
Mas não consegue ter uma crença forte.

Capítulo QUATRO

A religião mundial originária do Japão salvará a Terra

*Construir uma nação que eliminará
os conflitos deste planeta*

1
O espírito fundamental de uma nação vem da religião

✧ ✧ ✧

É chegada a era da misericórdia e do amor

Neste capítulo, eu gostaria de expor o conteúdo do 16º livro da minha "Série Leis", intitulado *As Leis da Salvação*[59]. A obra foi publicada originalmente em japonês em 2011, um ano que representou um marco para a Happy Science: o 30º aniversário da minha Grande Iluminação, o 25º aniversário do início de nossas atividades, em 1986, e o 20º aniversário do nosso registro oficial como instituição religiosa, em 1991. Como o bambu, que impulsiona seu crescimento criando nós a intervalos regulares, eu gostaria de usar esse marco como um degrau para dar um passo adiante e trabalhar arduamente para fazer a Happy Science crescer até o próximo nível.

O que senti ao completar trinta anos da minha Grande Iluminação está expresso no prefácio desse livro. Falando de maneira clara, eu me declarei como sendo o Salvador. Escrevi o seguinte: "O Salvador ressurgiu 2.500

---
59 São Paulo: IRH Press do Brasil, 2012.

anos após a morte de Buda na Índia. Já tive a oportunidade de ensinar muitas leis em japonês, mas sinto que o povo japonês não compreendeu essa Verdade por completo. Eles deveriam envergonhar-se disso. O renascimento de Buda tem o mesmo significado do retorno de Cristo. El Cantare salvará a Terra das crises e abrirá um novo caminho para a Era Espacial vindoura. O Salvador proclamou a volta da era da misericórdia e do amor".

O posfácio desse mesmo livro começa assim: "Agora, no Japão, vem uma nova religião mundial". E, mais para o final, pode-se ler: "El Cantare é a origem do budismo, do cristianismo e do islamismo". O texto está escrito de forma leve e despreocupada, mas significa também que esse foi o "livro do desafio silencioso", trinta anos depois da minha Grande Iluminação.

Uma nação que rejeita a religião pode prosperar?

Há inúmeras religiões no mundo, e creio que *As Leis da Salvação* indica de forma bem clara qual é o nosso ponto de apoio e o que almejamos. Significa também que, por trás disso, existe uma enorme determinação. Nós temos realizado várias atividades há mais de 35 anos, mas ainda não conseguimos mudar radicalmente o senso comum que hoje predomina no Japão. Sinto que o nível de aceitação da Happy Science está estagnado e que ela é reconhecida apenas como uma dentre muitas religiões; precisamos romper essa barreira e caminhar em direção ao próximo nível.

Ao analisar a situação, começo a questionar se os japoneses são realmente pessoas civilizadas, se de fato possuem um patrimônio cultural de alto nível, se a cultura e a civilização dessa nação devem ser aceitas como são e se elas garantem o futuro do Japão. Para ser mais direto, estou questionando se um país cuja população em sua maioria nega a religião, um país que não respeita nem valoriza a religião, tem permissão para crescer e prosperar continuamente, como tem ocorrido até hoje.

Em outras palavras, na situação atual a sociedade japonesa não difere tanto daquela dos animais, que se contentam com o alimento diário e se importam apenas com sua sobrevivência. Mas isso não é o suficiente para os seres humanos. Se um indivíduo não percebe os valores invisíveis e não encontra neles uma razão de viver, não há motivo suficiente para que ele exista como ser humano. Isso é o que tenho explicado repetidas vezes.

Desejo estabelecer um pilar de espiritualidade em um Japão "à deriva"

Quando realizo trabalhos missionários no exterior, percebo o quanto a nação japonesa está assentada sobre um terreno frágil e instável. A superfície é tão fraca que parece que estamos andando na lama. Sua base espiritual é debilitada e delicada. Não existe um pilar de espiritualidade. É um verdadeiro país à deriva. Às vezes, fico imaginando se essa nação insular está de fato conectada ao solo do leito oceânico ou está apenas boiando na superfície, como uma água-viva. Isso me deixa realmente preocupado.

A falta de um pilar espiritual está afetando esferas do país como a política, a diplomacia e muitas outras. O sistema educacional também é atingido; as crianças aprendem valores realmente deploráveis nas escolas. O resultado é o colapso das aulas e da educação, sobretudo nas escolas públicas, o que abre espaço para problemas como o *bullying*. Crianças educadas por adultos que perderam o respeito por seu país terão dificuldade para encontrar a verdadeira razão de viver, motivação ou ter confiança no futuro.

Eu já afirmei várias vezes que desejo estabelecer um pilar robusto no Japão, um país que parece uma água-viva. Esse pilar é o espírito fundamental que uma nação deveria ter. Ele se apoia em princípios morais, em cuja base existe a religião, que está acima da filosofia.

Não há futuro para um povo que não consegue mostrar o que é certo

Um país que não conta com uma religião firmemente enraizada fica fraco, sem um pilar de sustentação. E nossa nação está assim. Hoje, o Japão permanece em um estado caótico. Não se importa se o seu PIB é o segundo ou o terceiro do mundo. É lamentável notar que um país situado quase no topo de uma lista de 200 nações não consegue divulgar nenhum valor espiritual, não tem opiniões próprias nem exerce uma liderança global. É preciso ter mais consciência disso.

Será que não devemos ter vergonha pelo fato de o nosso país não assumir uma responsabilidade pelo mundo que seja compatível à sua força? Eu tenho muita vontade de que ele assuma essa responsabilidade. O Japão não deve ficar à deriva como está; o que ele precisa fazer agora é estabelecer um firme pilar de espiritualidade. Para tanto, devemos contradizer categoricamente aqueles que menosprezam e ridicularizam a religião. O povo precisa ter essa firmeza de caráter e ser capaz de mostrar o que é certo, com base em uma lógica correta, caso contrário não terá futuro.

2
Sinta a luz e o momento de reestruturar sua vida

✧ ✧ ✧

Como seres espirituais, os humanos se alojam em corpos físicos para viver no mundo terreno

O capítulo 1 da obra *As Leis da Salvação*, intitulado "É recomendável ter uma religião", fala sobre as verdades básicas que todos deveriam saber. Elas são quase instintivas para os membros da Happy Science, dada a frequência com que retomo esse assunto.

O primeiro conceito é: "Em essência, os humanos são seres espirituais que residem em um corpo físico e levam a vida no mundo terreno". Essa Verdade não faz parte do programa educacional das escolas, seja do ensino fundamental, médio ou superior; não se ensina absolutamente nada disso, nem como regra na sociedade. De fato, a chamada "elite" costuma pensar que ser do bem é seguir o oposto, ou seja, negar essa Verdade, e que isso seria também uma prova de inteligência. É muito lamentável.

Tenho plena consciência de que as pessoas têm direito à liberdade de pensamento, de opinião, de expressão e de imprensa. É ótimo haver diferentes opiniões, expressões e ideias. Contudo, é vergonhoso que os humanos não tenham sabedoria para fazer a distinção entre fatos e mentiras.

As pessoas são livres para dar qualquer opinião, mas há fatos que não podem ser contestados. Por exemplo, o hidrogênio (H) e oxigênio (O) se combinam para formar a água (H_2O); nunca será possível obter óleo dessa junção. Se um indivíduo acha que pode enganar as pessoas afirmando que a combinação de hidrogênio e oxigênio produz óleo e que suas ideias deveriam ser aceitas como parte da sua liberdade de expressão, então não posso deixar de dizer que algo está errado.

Não há problema haver centenas de opiniões sobre temas desconhecidos; entretanto, a equação química não deixa margem a dúvidas: hidrogênio mais oxigênio resulta em água. É isso que eu gostaria de destacar.

Não sou contra a diversidade de opiniões, mas existe aquilo que é a verdade. Na vida existem verdades. Portanto, a pessoa que ensina, estuda ou age de uma maneira que contraria a verdade sofrerá os efeitos colaterais desse comportamento em algum momento da vida ou depois dela.

Essa consequência ocorre não só no nível individual, mas também nas organizações, nas empresas, nas nações ou mesmo no mundo todo, que é um conjunto de indivíduos.

O juízo final como indivíduo que você vivenciará depois da morte

Não importa o que se diga ou pense, o histórico de pesquisas que venho acumulando ao longo de mais de 36 anos mostra que o mundo além deste existe com 100% de certeza. Se você acha que o corpo físico é tudo o que você tem, está absolutamente enganado. Por mais que um médico que tenha se formado em uma universidade de alto padrão diga que a morte é o fim para o ser humano, o que está errado, está errado.

Quando, do ponto de vista da dignidade humana, uma coisa está equivocada, devemos dizer claramente que está equivocada. Eu gostaria que você soubesse disso.

O que existe de fato existe. Daqui a alguns anos ou décadas, todas as pessoas irão passar pela experiência de conhecer o outro mundo, sem exceção. Lembre-se das minhas palavras. Se houver um único ponto errado no que estou ensinando, por favor, venha protestar depois que se tornar um espírito. Até hoje, não houve um único ser que veio até mim para reclamar. Na verdade, os espíritos costumam me dizer: "Tudo foi exatamente como o mestre Okawa disse. Que bom que eu sabia previamente".

Aliás, quem não conheceu a Verdade fica confuso e não sabe para onde ir; portanto, para começar nem conseguiria vir até mim. Mas eu gostaria que você soubesse que existe um mundo em que o alto nível intelectual ou de inteligência de uma pessoa, ter um cargo elevado, ser de uma família influente, possuir empresa renomada ou ser homem ou mulher não fazem nenhuma diferença.

Nesse mundo, as pessoas podem ter várias carreiras e fazer diferentes tipos de trabalho, mas, no final, chega para todas elas o momento de encarar a morte e partir para o outro mundo. Nessa hora, a única coisa que você levará consigo vai ser seu coração, e você será testado para ver se esse coração tem uma fé correta. Em outras palavras, sem dúvida você será julgado para avaliar se levou uma vida com fé em Deus/Buda ou se foi levado pelos valores dos demônios, que se contorcem no Inferno e agem para impedir as pessoas de terem fé em Deus/Buda. Esse é o seu julgamento final como indivíduo, e será inevitável.

E esse julgamento se aplica não só aos indivíduos, mas também às organizações, às sociedades e às nações. Em suma, eu creio firmemente que o futuro de uma organização, de uma empresa ou de uma nação pode seguir qualquer direção, de acordo com a natureza de sua fé.

A situação religiosa do Japão é bem diferente do padrão internacional

Eu prego as mesmas Leis de forma diferente no Japão e no exterior, pois o nível de fé é diferente em cada população. É claro, isso pode ser em parte porque os países menos desenvolvidos têm respeito pelo Japão, um país avançado, e por isso estão abertos para nos ouvir. Mesmo assim, nos países com base religiosa e certa compreensão espiritual, as pessoas recebem meus ensinamentos de forma bastante natural.

Por exemplo, em Uganda, na África, minha palestra em inglês foi exibida semanalmente pela tevê em rede nacional. O mesmo ocorreu com o nosso filme *O Renascimento de Buda*[60]. No Nepal também, as palestras que ministrei em inglês foram ao ar em rede nacional. E em Bombaim, na Índia, parte de minhas conferências foi exibida com legendas em hindi. Isso é praticamente inimaginável na tevê japonesa.

No Japão, realizar transmissões de uma religião de forma positiva ou ajudar na disseminação de uma doutrina é considerado algo antiético pela mídia – recentemente, porém, algumas emissoras de tevê regionais começaram a exibir minhas palestras. Isso significa que, no final, inconscientemente a mídia está fazendo uma escolha pela população que diz respeito à religião, ou seja, decidindo se fica do lado de Deus/Buda ou dos demônios. E se não opta por ficar do lado de Deus/Buda, automaticamente está optando pelo lado dos demônios. Por isso, a atitude dela não passaria de um esforço de aproximar este mundo do Inferno.

---

60 Produção executiva de Ryuho Okawa, lançado em 2009.

O mesmo se aplica à educação nas escolas. Por exemplo, o sistema educacional do Japão rejeita as antigas mitologias japonesas, que incluem o *Kojiki* ("Registro de Assuntos Antigos") e o *Nihon Shoki* ("Crônicas do Japão")[61]. Elas não aparecem nos livros-texto; nas aulas talvez sejam citadas algumas religiões tradicionais, além do xintoísmo japonês, mas apenas como curiosidade arqueológica, em vez de se aprofundar em seus ensinamentos. Como resultado, as pessoas não despertam naturalmente para a fé religiosa por meio das escolas normais, a não ser que estudem em escolas religiosas.

Ademais, se uma pessoa fizer um curso de Ciências da Religião na faculdade, perderá ainda mais sua fé. Nas universidades japonesas, os estudos religiosos não se baseiam em nenhuma compreensão da fé; eles tentam eliminar a subjetividade da melhor forma possível e se concentram em analisar a religião para pesquisa. É um processo semelhante àquele feito pelos alunos de Medicina, quando disseccam um cadáver e estudam as partes do corpo. Ninguém consegue dizer o que é "correto" nem que é o bem e o que é mal. Essa situação é a que perdura e, por isso, os estudos religiosos nas universidades são completamente inúteis.

---

61 O *Kojiki* é o livro mais antigo sobre a história do Japão, seguido pelo *Nihon Shoki*.

O ser humano é filho de Deus/Buda e abriga em si parte da Luz divina

O Japão tomou o rumo atual provavelmente por causa de sua derrota na Segunda Guerra Mundial. Como resultado, o povo japonês passou a rejeitar a fé. Entretanto, já está na hora de acordar desse pesadelo e se restabelecer. Se os japoneses não recuperarem a força da verdade, jamais alojarão a força mental dentro de si e nunca conseguirão vê-la brotar.

Eu gostaria que você analisasse qual dessas percepções é mais esplêndida para a sua vida: a visão de que o ser humano é filho de Deus/Buda e abriga em si parte de Seu coração e parte de Sua luz, ou a visão de que o ser humano surgiu por acaso e não passa de algo semelhante a um punhado de terra ou a uma máquina.

Hoje, a sociedade incentiva mais as pessoas a manterem uma perspectiva de vida que torna a existência algo sem sentido. Quanto a isso, já estou promovendo críticas ao atual sistema educacional japonês e à mídia por contribuírem para essa situação. Mas o mundo religioso também está no auge da degradação. Há diversos grupos religiosos no Japão, mas a maioria não cumpre sua missão. E, sobretudo, há muitos deles que propagam uma "fé materialista". Diversas seitas de religiões antigas como o budismo possuem esse pensamento. Há também no país grupos cristãos que avançam em atividades políticas de esquerda; um número enorme de pessoas não sabe mais qual é a Verdade.

Provavelmente, o fato de nunca terem passado por suas próprias experiências espirituais gerou essa situação. Mas, tendo ou não vivenciado experiências reais, as pessoas devem ter tido algum momento na vida em que sentiram instintivamente uma força divina alojada dentro de si, vinda de um reino invisível aos olhos. Se nunca sentiram esse poder, o problema é delas.

Há muitos momentos sagrados na vida: quando você percebe que está vivendo com a ajuda de outras pessoas ou sendo guiado por elas, quando consegue reconstruir sua vida com o apoio ou a orientação dos outros, ou sente uma luz guiando seu caminho a partir do mundo invisível. Quem nunca vivenciou esse momento sagrado, infelizmente, ainda não pode dizer que foi aprovado como ser humano.

3
A missão que o Japão deve cumprir como potência

✧ ✧ ✧

A Teoria da Evolução é só uma hipótese, não a verdade

O que significa uma pessoa ser reprovada como ser humano? Significa ter uma autoestima extremamente baixa. Particularmente os japoneses são assim, sobretudo porque, durante a educação escolar, eles aprenderam que seus ancestrais se originaram de formas de vida muito simples, como as amebas, que evoluíram até chegar ao ser humano. Eu gostaria de pedir a essas pessoas que me fornecessem provas. Mas nunca ninguém conseguiu comprovar isso.

Se existem criaturas vivas que estariam no processo de evolução entre a ameba e o ser humano, eu gostaria de vê-las enfileiradas e ordenadas. Por exemplo: "A ameba vira uma lesma e daqui se torna um caracol, etc.". Eu gostaria que me mostrassem o processo até chegar ao ser humano. Pela lógica, deveria haver formas de vida intermediárias, que estivessem em transformação. E elas deveriam existir ainda hoje. Contudo, os seres vivos que existem hoje estão "todos concluídos". Só há espécies prontas. Pense sobre o significado disso.

Não há problema em opinar com base em uma hipótese, mas ela é apenas uma teoria não comprovada; não é a verdade. Por favor, não se esqueça disso.

Algumas pessoas podem considerar muito radical a ideia de "retroceder na evolução do ser humano até chegar a uma ameba". Então, eu pergunto: "E que tal um rato?". Se quase 100% das pessoas responderem que o ser humano descende dos ratos, podemos dizer que este é um mundo insano.

Hoje, um rato é um rato e um ser humano é um ser humano. Ambas as espécies existem como formas de vida completas. Assim, eu gostaria de saber: "Por que alguns ratos teriam permanecido ratos e outros teriam evoluído para seres humanos? Por que alguns teriam estagnado na evolução e outros teriam desenvolvido uma inteligência avançada e emoções sofisticadas e passado a realizar trabalhos de alto nível como seres humanos?". Gostaria que alguém me explicasse. Você acha que isso ocorreu por acaso? Ou foi a "sobrevivência do mais apto"?

Acreditar que a evolução gerou o ser humano por acaso é o mesmo que dizer que as árvores que crescem em uma floresta irão se transformar naturalmente em casas com o passar do tempo. Entretanto, a verdade é que, para construir uma casa, é preciso alguém para cortar a madeira, trabalhá-la e fazer a montagem.

*As calamidades na Terra e a construção de uma
nova civilização são dois lados da mesma moeda*

Uma nação que tem gerado um grande número de pessoas que simplesmente aceitam essas teorias com grandes furos na lógica e param de pensar por si mesmas com certeza vai enfrentar problemas. Por isso, nós devemos lutar contra as dificuldades que vão surgir nessas nações.

Creio que há algo de errado em esperar um futuro de prosperidade para aqueles que negam a própria razão de existir e a própria dignidade. No passado, muitos países e civilizações foram extintos. Alguns estudiosos consideram que a civilização japonesa, insular, é independente. E são os próprios japoneses que têm a grande chave para que a civilização atual continue a existir depois do século XXI. É nisso que creio intensamente.

Em particular, não devemos permitir de forma nenhuma que a civilização japonesa seja destruída por países governados por mentalidades errôneas. Isso não só impediria que a justiça divina fosse realizada aqui no mundo terreno como também iria produzir exatamente o resultado oposto. Portanto, se uma nação é construída sobre uma política nacional errada do ponto de vista da Verdade Búdica ou Verdade Divina, devemos nos esforçar para defender o que é certo até o final por meio da expressão e da difusão, e corrigir para o rumo correto o modo de ser dessa nação e de sua cultura. Creio que foi para esse propósito que o Japão teve permissão para existir como potência econômica; porém, lamento muito por constatar que ele não está cumprindo plenamente essa missão que lhe cabe.

No livro *As Leis da Salvação* também está escrito que o mundo enfrentará diversos eventos apocalípticos, semelhantes a um Armagedom, a partir de agora. Provavelmente isso vai ocorrer. Os noticiários já mostram enchentes e ondas de frio que são atribuídas ao fenômeno La Niña[62] e à oscilação Ártica[63]. Desde que entramos neste século, a Terra está sofrendo diversos desastres naturais seguidamente, como terremotos de grande magnitude, e continuarão ocorrendo muitos outros. Esses eventos que chacoalham a humanidade e a construção de uma nova civilização são dois lados da mesma moeda. Em um futuro próximo começarão a ocorrer situações nunca imaginadas anteriormente.

Nasci para anunciar um futuro de esperança

Em 4 de dezembro de 2010, poucos dias antes da publicação de *As Leis da Salvação*, realizei uma grande conferência na Arena Yokohama, situada na província de

---

[62] Diminuição anormal da temperatura superficial das águas do Oceano Pacífico Equatorial. (N. do A.)
[63] Oscilação entre acúmulo e redução da massa de ar frio no Polo Norte. (N. do A.)

Kanagawa, perto de Tóquio. Nos cinco minutos finais, eu profetizei que chegaria a Era Espacial, quando começaríamos nosso intercâmbio com alienígenas[64]. Se você ouvir apenas esse trecho, vai pensar que eu estava dizendo algo misterioso, muito distante do senso comum. Porém, logo depois, quando saíram do auditório, milhares de pessoas avistaram uma grande frota de óvnis pairando no céu de Yokohama [ver Figura 4]. Diversas fotos foram tiradas desse avistamento, e algumas pessoas chegaram a testemunhar discos voadores saindo de uma nave-mãe. Havia cerca de cem naves[65] naquele dia.

Minhas conferências são transmitidas via satélite para diferentes locais, e, ao que parece, estão sendo sintonizadas e vistas até por seres não terráqueos. Como eles estão traduzindo e ouvindo o que digo, preciso ser cada vez mais cauteloso e medir as palavras nas palestras. As ondas eletromagnéticas cruzam os ares e eles não devem ter dificuldade para captá-las. E uma civilização com tecnologia capaz de chegar à Terra pode muito bem entender o conteúdo do meu discurso.

Sou muito grato pelo interesse que eles demonstraram em minhas palestras, mas ainda é um mistério o que pretendem fazer com essa informação; eles podem

---

64 Ver *As Leis da Imortalidade*, IRH Press do Brasil: São Paulo, 2012.
65 Essa aparição de óvnis foi noticiada em jornais esportivos japoneses e em outras publicações. (N. do A.)

usá-la para o bem ou para o mal, e a verdadeira intenção deles ainda não está clara. No entanto, suponho que estejam registrando que rumo tomará a civilização da Terra e se é a mesma direção que a Happy Science está indicando. Em suma, creio que eles estão nos observando para ver se os terráqueos conseguirão proporcionar um futuro mais brilhante para o planeta.

No terceiro trimestre de 2010, um enorme óvni foi visto sobrevoando o aeroporto de Pequim. O evento gerou tamanho alvoroço que as autoridades locais foram forçadas a fechar o aeroporto por um tempo. Parece que era uma nave-mãe dos pleiadianos; eles emitiram uma

Figura 4.
Logo após a palestra realizada em 4 de dezembro de 2010, uma frota de óvnis apareceu sobre o local do evento, na Arena Yokohama. Muitas palestras e mensagens espirituais que revelam a verdade sobre os povos do espaço sideral que vem à Terra foram gravadas e publicadas pela Happy Science, sendo uma delas *O Próximo Grande Despertar* (São Paulo: IRH Press do Brasil, 2012).

intensa luz que deixou os chineses atônitos. Mais tarde, achamos que foi um alerta à China[66].

Em um futuro próximo, diversos fenômenos como esses, que estão fora do alcance dos seres humanos, podem se revelar. Mesmo que sejam fenômenos já conhecidos, talvez ocorram em larga escala. De qualquer forma, vários eventos além da nossa imaginação começarão a se manifestar. Nessa ocasião, não fique perdido. É para esse momento que eu nasci: para anunciar que existe um futuro de esperança. Por favor, creia nisso.

---

66 Ver *Chikyū wo Mamoru Uchū Rengō towa Nanika* ("O que é a Federação Espacial que Protege a Terra?", IRH Press: Tóquio, 2011).

4
Erradicar todos os conflitos mundiais

✧ ✧ ✧

Minha verdadeira função é a de mestre do mundo

Tenho dito com frequência que meus ensinamentos não se destinam somente aos japoneses. Faço um trabalho como mestre nacional, mas, em essência, sou o mestre do mundo. Minha verdadeira missão, como mestre do mundo, é mostrar o rumo que as pessoas de todo o planeta devem seguir; ou seja, como deve ser o nosso futuro na Terra.

Por exemplo, no capítulo 4 de A*s Leis da Salvação*, intitulado "As condições para uma nação religiosa", eu descrevi, com base em diversos aspectos, como vai se desenrolar o antagonismo entre o islamismo e o cristianismo. A preocupação que existe hoje é de uma possível guerra nuclear entre Israel, que já possui armas nucleares, e o Irã, que em breve também poderá produzir essas armas. Outro receio é que Israel ataque o Irã antes que este consiga usar seus mísseis nucleares. Se o mundo permitir que o Irã se torne uma potência nuclear, provavelmente a Arábia Saudita e o Egito também vão querer se armar à altura.

Atualmente, no Oriente Médio, apenas Israel possui armas nucleares, enquanto os países muçulmanos não têm nenhuma. Porém, se a situação se inverter e Israel ficar cercado por países muçulmanos com armas nucleares, será que o mundo vai ficar apenas assistindo e observando a situação? Essa é uma das grandes preocupações para os próximos dez anos ou mais.

Se uma guerra nuclear eclodir no Oriente Médio, será o Armagedom (que significa literalmente "Monte Megido"), a batalha final que consta como profecia no Antigo Testamento, e também no livro Apocalipse, do Novo Testamento. Essa seria justamente a terra do Monte Megido. A questão que preocupa agora é se haverá a batalha final nessa região.

As diferenças entre as religiões surgem das distintas habilidades espirituais de seus fundadores

Em *As Leis da Salvação* eu descrevo também o motivo pelo qual existe esse antagonismo. Em resumo, é porque os seres humanos não conseguem enxergar o mundo espiritual com os próprios olhos, então só conseguem compreender Deus baseando-se no que outros seres humanos escreveram ou contaram. Muitos dos profetas do passado só tinham audição espiritual; só escutavam a voz de Deus, mas não conseguiam enxergar Sua imagem. Esse foi o motivo que gerou diversos conflitos.

Por exemplo, podemos encontrar com frequência religiões que rejeitam a idolatria de imagens, provavelmente porque seus fundadores não possuíam visão espiritual. Se um profeta não era capaz de ver coisas espirituais e só conseguia ouvi-las ou receber revelações por meio de psicografias, ele estaria inclinado a rejeitar a adoração de imagens. Em contrapartida, se o indivíduo tivesse visão espiritual e conseguisse enxergar Deus/Buda, teria sempre vontade de expressar a Sua imagem de alguma maneira e reproduzi-la em formas.

Normalmente, aqueles que de fato enxergaram Deus/Buda não rejeitam a idolatria; sempre terão vontade de mostrar às pessoas o que viram e, por isso, tentam expressar Sua imagem por meio de estátuas ou de desenhos. Assim, as diferenças entre as religiões surgem das distintas habilidades espirituais de seus fundadores.

O deus chamado Elohim está na raiz das religiões mundiais

A fim de preparar-me para a palestra que originou este capítulo, realizei algumas investigações espirituais para analisar as raízes das religiões mundiais[67]. Comecei pelo

---

67 Ver *Yahweh, Jehovah, Allah no Shōtai wo Tsukitomeru* (literalmente, "Descobrindo a real identidade de Javé, Jeová e Alá", Happy Science: Tóquio, 2011).

judaísmo, uma religião monoteísta. O deus do judaísmo é chamado de Javé. Muitos dos ensinamentos que vinham dos profetas dos primórdios do povo judeu, inclusive de Moisés, eram sobre a fé em Javé.

Contudo, a certa altura de seus ensinamentos, o nome de Deus mudou. No Antigo Testamento, o profeta Isaías, que alguns consideram como duas pessoas distintas – Proto Isaías e Deutero Isaías –, chamou Deus de Elohim. Até então, Deus era chamado de Javé, e a partir daí mudou para Elohim. Parece que os judeus não sabem o porquê dessa mudança e acham que ambos são o mesmo Deus. Entretanto, a verdade espiritual é que o ser que Isaías chamou de Elohim era, na época, o Deus do Amor que guiava a região que ia do Oriente Médio até a África.

De fato, Elohim surgiu na época de Isaías para ajudar a preparar o terreno para o cristianismo, que viria a ser fundado por Jesus Cristo setecentos ou oitocentos anos mais tarde. O judaísmo era, originalmente, um pequeno grupo religioso do povo judeu na antiga Palestina. E foi para criar a base que permitiria o aparecimento do cristianismo, a próxima religião mundial, que o Deus Elohim surgiu.

No entanto, no judaísmo essa distinção não existe tão claramente. O próprio Jesus, que estava estudando o Antigo Testamento, não conseguia discernir. Mesmo assim, Jesus acreditava no deus chamado Elohim.

Por isso, os seguidores do judaísmo tradicional perseguiam os cristãos.

Mais tarde, ocorreu também um conflito entre cristãos e muçulmanos. Como consta em *As Leis da Salvação*, quem guiou o islamismo naquele período também foi Elohim (Alá)[68].

Portanto, essas três religiões são guiadas pelo mesmo Deus, mas falta compreensão mútua nessa parte. Ademais, os atritos entre os indivíduos sobre a rejeição da idolatria, assim como a declaração "Não há Deus além de mim", serviram igualmente para aumentar a confusão. Os conflitos atuais ocorrem porque os diferentes ensinamentos não foram bem organizados.

A missão da Happy Science é acabar com os conflitos mundiais e, assim, possibilitar um futuro brilhante

Agora estou tentando organizar e integrar todos esses ensinamentos, esclarecer o que está na origem das religiões mundiais para acabar com todos os conflitos do planeta. Eu desejo corrigir tudo o que gera mal-entendido ou dificulta a compreensão mútua, antes que as nações façam uso de armas nucleares. A Happy Science possui essa grande missão.

---

68 Ver a referência da nota 67.

Além disso, o que a Happy Science faz é diferente do movimento simplista da direita ultranacionalista, mas também temos compreensão plena do xintoísmo. Desde o passado, venho exercendo uma grande influência no cristianismo, no islamismo, no judaísmo e em outras religiões mundiais. Venho exercendo uma influência significativa também na África, no Egito, na Grécia, em Roma e na Índia. Agora estou tentando exercer uma grande influência no Japão. Minha intenção é colocar em prática o *planejamento do futuro* que estou revelando a você.

O futuro não é algo que recebemos com facilidade; precisamos desbravá-lo com as próprias forças. É essa vontade que eu gostaria que você tivesse no seu coração.

- Palavras que vão transformar o amanhã 4 -

Se uma cidade tiver cem pessoas que creem em mim, ela não sofrerá uma catástrofe natural devastadora

Certa vez eu expliquei:
"Se uma cidade tiver cem pessoas que creem em mim,
Ela não sofrerá uma catástrofe natural devastadora".
Na ocasião do Grande Terremoto do Leste do Japão,
Houve uma área da região Nordeste do país
Que provou a veracidade das minhas palavras.
Isso consta no livro *As Leis da Imortalidade*.

Naquela área, havia 130 membros da Happy Science,
E foi justamente naquele ponto
Que o tsunami se desviou.
Essa história foi relatada com frequência
Em várias edições da revista mensal da Happy Science.
Apesar de praticamente todas as regiões vizinhas
Terem sido varridas pelo tsunami,
Apenas aquela área com 130 membros
Ficou a salvo do tsunami,

Parecendo que se abriu ali
Um buraco no meio da água.

Em outra situação,
O tsunami alcançou a rua bem na frente
Da casa de um dedicado seguidor,
Mas, por algum motivo, recuou para a direção oposta.
Na Happy Science ocorrem muitos milagres desse tipo.
No final, a fé é capaz de operar até esses milagres.
Depois dessa catástrofe, certo meio de comunicação
Escreveu algo como: "Eles nem conseguiram
Deter o tsunami com o poder da fé",
Referindo-se à Happy Science.
Mas o tsunami parou onde tinha de parar
E recuou onde tinha de recuar.
Quem devia ser salvo foi salvo.
Eu gostaria que você soubesse desse fato.

Esses milagres, apesar de serem apenas um recurso,
São provocados para mostrar às pessoas
O que é o poder místico.

Capítulo CINCO

O que é a fé no Deus da Terra

Viver na era da nova gênese terrestre

• O QUE É A FÉ NO DEUS DA TERRA •

1
El Cantare é o Deus da Terra

✧ ✧ ✧

***A Happy Science é mais do que apenas uma
das muitas religiões japonesas***

Hoje, estou promovendo turnês de difusão da Happy Science para vários países e, daqui para a frente, também visitarei nações consideradas altamente perigosas em termos de segurança pessoal. Vivemos numa era de globalização e, embora os meios de transporte estejam melhores do que antigamente, nada garante que não ocorrerá nenhum imprevisto. E vou lamentar se por acaso eu partir e não passar os ensinamentos como pretendia. Um tópico que ainda preciso abordar com mais clareza é a fé em El Cantare, já que nunca o expliquei em detalhes antes. Estou totalmente preparado para morrer pela Verdade e, considerando os riscos, quero ter certeza de que transmiti todos os ensinamentos importantes. Chegou a hora de falar sobre essa fé.

Os ensinamentos da Happy Science estão alcançando uma escala global, e penso que nossa organização já ultrapassou o ponto de ser apenas mais uma das religiões japonesas. Em outubro de 2010, visitei a ilha principal de Okinawa e a ilha vizinha de Ishigaki, na prefeitura de Okinawa. Essa região fica bem perto da fronteira entre o Japão e a China, e ali falei sobre as políticas nacionais que o Japão deveria adotar. Vejo que estou começando a ultrapassar as fronteiras da religião. A Happy Science oferece informações em uma escala muito mais ampla do que a esfera religiosa, algo que nenhum grupo religioso da atualidade consegue fazer. Esse posicionamento também ficou evidente quando dei a palestra "A Ressurreição da Religião[69]", em novembro do mesmo ano, no Ginásio Esportivo de Aichi. O evento foi transmitido via satélite para diversos países, e nessa ocasião declarei minha posição como mestre do mundo.

A fé da Happy Science evoluiu de acordo com o tamanho da organização e seus ensinamentos

A fé da Happy Science passou por muitas transições; evoluiu e se transformou de maneira progressiva e agora está entrando numa nova etapa. A Happy Science começou em 1986, em uma pequena sala alugada de cerca de 11m² no Distrito Suginami, em Tóquio. Desde então, por cerca de trinta anos a forma da nossa fé veio se transformando, e seu conteúdo mudou, adequando-se ao tamanho da organização e aos seus ensinamentos.

---

[69] A palestra foi compilada no capítulo 5 do livro *Kono Kuni wo Mamorinuke* ("Proteja este País Até o Final", IRH Press: Tóquio, 2010).

• O QUE É A FÉ NO DEUS DA TERRA •

Comecei a receber mensagens de espíritos elevados, e o primeiro deles foi Nichiren. O material foi publicado depois com o título *Mensagens Espirituais de Nichiren*[70], que deu origem a uma coletânea de mensagens espirituais. Nessa fase inicial, considerávamos os espíritos celestiais muito superiores aos humanos que viviam neste planeta e acatávamos suas orientações quando escolhíamos nossas atividades. Entretanto, seguir as mensagens de diferentes espíritos tornou difícil a tarefa de consolidar nossa fé, visto que cada espírito tem personalidade e doutrina próprias.

Mais tarde, por volta de 1994, num esforço para simplificar nossa fé, voltamos nosso foco para os ensinamentos de Buda[71] e de Hermes[72]. Nessa época, interrompi temporariamente as publicações de mensagens espirituais e passei a me concentrar em meus livros teó-

---

70 Registrado em *Ryuho Okawa – Coletânea Completa de Mensagens Espirituais*: volumes 1 e 2, Happy Science: Tóquio, 1985.
71 Buda, também conhecido como Sidarta Gautama, nasceu há 2.500 anos como príncipe do clã Sakya, da Índia. Aos 29 anos, ordenou-se buscando a iluminação. Mais tarde, alcançou a Grande Iluminação e se tornou o fundador do budismo. É uma das almas ramos (ver nota 75) de El Cantare, o Deus da Terra. Ver *A Essência de Buda*, São Paulo: IRH Press do Brasil, 2017. (N. do A.)
72 Hermes é considerado um dos doze deuses do Olimpo, da mitologia grega. Porém, a verdade espiritual é que ele foi um herói da vida real que pregou ensinamentos do amor e do desenvolvimento há 4.300 anos, que se tornaram a base da civilização ocidental. É uma das almas ramos de El Cantare, o Deus da Terra. Ver *Ai kara Inori e* ("Do Amor à Oração", IRH Press: Tóquio, 1997) e *Shinkō no Susume* ("Um Convite à Fé", IRH Press: Tóquio, 2005). (N. do A.)

ricos. Essa mudança deixou alguns membros desnorteados, e creio que alguns não conseguiram nos acompanhar nessa transição.

Nos últimos anos, voltei a publicar mensagens espirituais consecutivas. Até novembro de 2017 eu já havia recebido mensagens de mais de setecentos espíritos; algumas pessoas podem achar que voltamos ao que éramos antigamente, mas não é o caso. No início, eu costumava publicar várias mensagens espirituais, mas já se passou um bom tempo desde aquele período, e hoje existe um número cada vez maior de jovens que não conhecem esse fenômeno nem as mensagens que publicamos antigamente. Além disso, sinto que neste mundo sempre haverá, em todas as eras, pessoas que desejam saber sobre os seres espirituais e sobre o mundo espiritual. Por isso, com o intuito de atrair fiéis de novos perfis e fazê-los se interessar pelo mundo espiritual, além de ajudá-los a explorar a própria mente, eu tornei a publicar as mensagens espirituais.

Essas mensagens servem como uma força centrífuga[73]. Ou seja, estou criando muitas portas de entrada para a Happy Science ao oferecer uma ampla variedade de ensinamentos para atrair o interesse das pessoas.

---

73 Força centrífuga: na física, é a "força" que, em uma trajetória circular, empurra o objeto para fora da trajetória. Com essa analogia, o autor se refere aos esforços focados no público externo. (N. do T.)

Porém, justamente quando está em ação uma força poderosa para expandir o nosso movimento é que precisamos exercer também uma força centrípeta[74], de unificação, para manter as diretrizes e o rumo da Happy Science como organização.

É preciso haver mais um estágio de concentração da fé

Eu expliquei que a Happy Science estabelece como núcleo de sua fé a entidade conhecida como El Cantare, e que este Ser possui almas irmãs[75], a saber: Buda Shakyamuni, Hermes, Ophealis, Rient Arl Croud, Thoth e Ra Mu. No entanto, sinto que em certos aspectos nossa fé ainda precisa ser consolidada plenamente. Venho limitando o número de entidades a quem devotamos nossa fé, mas ela não está concentrada o suficiente. Por isso, chegamos a uma época em que, para estabelecer nossa

---

74 Força centrípeta: na física, é a força que, em uma trajetória circular, puxa o objeto para o centro da trajetória. Com essa analogia, o autor se refere à força da união que mantém as pessoas de uma organização coesas, sob uma única fé. (N. do T.)

75 A grande maioria dos espíritos é formada por um grupo de seis almas – cada uma denominada "alma irmã" – que compartilham a mesma tendência de personalidade. Quando um espírito encarna, apenas uma das seis almas vem à Terra. Quando se trata de espíritos muito elevados, a regra da quantidade fixa de seis almas não se aplica mais. Entre as almas irmãs, aquela que lidera o grupo é chamada de "corpo principal" ou "consciência central", enquanto as cinco demais recebem o nome de "almas ramos". Para mais detalhes, ver *As Leis do Sol* (2ª ed., São Paulo: IRH Press do Brasil, 2015).

fé com firmeza, devemos concentrá-la e organizar ainda mais nossos conceitos. É isso que podemos imaginar como sendo a extensão de um grande movimento recente da Happy Science, que ultrapassa as fronteiras de uma simples religião.

Hoje, minha consciência está muito à frente, e a nossa ordem religiosa caminha lentamente atrás de mim, mas creio que logo me alcançará. Nessas circunstâncias, devo mostrar a todos a direção que estou almejando.

Como um recurso didático, costumo dizer que sou o Buda renascido, pois isso facilita a compreensão. Mas agora é preciso explicar essa fé em profundidade. Dentre as almas ramos de El Cantare, você já deve ter ouvido falar de Sidarta Gautama ou de Hermes, nomes conhecidos da História, mas poucos já devem ter ouvido os nomes das demais almas ramos. E mesmo "El Cantare" também é um nome desconhecido. Não ter nenhuma familiaridade com esse nome pode se tornar um obstáculo quando tentamos estabelecer a fé em El Cantare.

Já houve no passado um conceito semelhante ao da alma ramo, como na Índia antiga, por exemplo. Naquela época, costumava-se dizer que havia muitas manifestações do deus Vishnu, e que Buda era a encarnação de uma dessas partes. Desde a antiguidade, a crença em uma grande consciência espiritual que se manifestava em ramificações, enviando partes de sua alma para a Terra, já existia e era amplamente aceita em países como a Índia. Entretanto, esse conceito ainda permanece desconhecido nas áreas em que predominam religiões monoteístas como o cristianismo e o islamismo, que surgiram apenas nos últimos dois milênios.

A fé em El Cantare consiste em reconhecer a existência do Deus da Terra

Para ser direto, a fé em El Cantare é, em outras palavras, reconhecer a existência do Deus da Terra. Eu tenho pedido a você para despertar para essa Verdade, embora nunca tenha dito isso claramente. Mas o principal motivo é que, de um ponto de vista objetivo, estou esperando que a Happy Science cresça e se fortaleça.

Com o tempo, as religiões podem crescer e mudar sua forma de fé. Por exemplo, Shinran, o fundador da escola budista Verdadeira Escola da Terra Pura, dizia que não iria aceitar um único discípulo sequer. Hoje, porém, a escola tornou-se uma grande organização, com um número oficial de 10 milhões de seguidores. O mesmo pode ser dito sobre a seita de Nichiren. Embora Nichiren se considerasse apenas um asceta do Sutra do Lótus, sua organização cresceu muito e estima-se que hoje conte com alguns milhões de adeptos.

A fé no Buda Shakyamuni também mudou com o tempo. Enquanto estava vivo, Shakyamuni certamente possuía muitos atributos humanos, mas, à medida que as eras avançaram, ele deixou de ser considerado o "Shakyamuni humano" e passou a ser adorado como o "Buda Primordial que Existe Desde o Passado Indeterminado".

Portanto, considerando que a imagem de El Cantare – que você vê no ser encarnado chamado Ryuho Okawa – ocorre no presente, não tenho certeza se você está enxergando a verdadeira forma de El Cantare. Neste exato momento, você está vendo El Cantare com forma e características humanas, como se estivesse usando óculos 3D. E, com certeza, a visão de El Cantare das futuras gerações será diferente daquela que você tem hoje. E qual dessas visões é a imagem mais fiel de El Cantare? Provavelmente a das gerações futuras.

É difícil enxergar a verdadeira imagem de El Cantare para quem vive na era do seu advento

Neste planeta, há diversas tentações, ilusões de ótica e restrições do mundo tridimensional, e podemos acabar sendo influenciados por elas. Por isso, mesmo quando um salvador nasce na Terra, seus contemporâneos frequentemente creem apenas naquilo que seus olhos enxergam.

No cristianismo, por exemplo, a maneira como os discípulos viam Jesus e acreditavam nele há dois mil anos, quando ele ainda estava vivo, provavelmente é muito diferente do modo como Jesus é visto hoje pelos cristãos. A imagem que os discípulos de Jesus tinham dele na época era de uma pessoa que estava sendo perseguida e lutava pela refeição seguinte ou por abrigo, exatamente como eles. No final, ele foi traído por um dos seus discípulos, apedrejado pela multidão, arrastado por soldados romanos e crucificado entre dois criminosos, um assaltante e um assassino. Essa deve ter sido a imagem humana de Jesus.

Muitos daqueles que testemunharam esses eventos provavelmente não podiam acreditar que aquele era o Salvador. No entanto, aos olhos das gerações seguintes, a imagem dele é outra. Os cristãos de hoje não o veem como um ser humano; eles creem no Jesus ressuscitado, o filho único de Deus, e o reverenciam como sendo o próprio Deus.

O mesmo pode ser dito do budismo. Nas escrituras budistas, as descrições e os preceitos detalhados durante a época do Buda Shakyamuni nos dão a impressão de que ele parecia mais um ser humano dando instruções minuciosas do que uma divindade. Mas a verdadeira natureza de Buda como objeto de adoração está de fato representada na Grande Estátua de Buda. Honestamente, os fiéis que não viram o Salvador vivo, como um ser humano, costumam ter uma imagem mais verdadeira dele.

No caso do cristianismo, os não cristãos muitas vezes criticam os cristãos dizendo: "É inadmissível alguém que não conseguiu salvar nem a si mesmo ser o Salvador". Quando Jesus foi crucificado, ele foi ridicularizado. Pregaram na cruz uma placa na qual se lia "Rei dos judeus";

colocaram em sua cabeça uma coroa de espinhos em vez de uma coroa real e o desafiaram, dizendo: "Se for realmente o rei dos judeus e o Salvador, tente salvar a si mesmo". Poderíamos esperar que ele fosse se livrar da cruz na qual estava pregado ou provocar algum fenômeno; contudo, não foi o que ocorreu. Foi por meio da ressurreição espiritual que ele fez as pessoas acreditarem na eternidade da alma. E, ao surgir diante de seus discípulos, que estavam espiritualmente despertos, pregou-lhes sobre o mundo da verdade e mostrou que ele era um ser eterno e imortal.

A fé da Happy Science provavelmente também passará por essa transformação com o decorrer do tempo. Infelizmente, muitas vezes a visão que os meus contemporâneos têm de mim corresponde apenas a um centésimo daquilo que realmente sou. Porém, é interessante observar que, ao contrário do que se esperaria, comparados com os meus seguidores aqui no Japão, aqueles que vivem no Brasil, um país do outro lado do globo, na Índia ou em alguma região da África, possuem na sua fé uma imagem de El Cantare que pode ser mais correta. Isso ocorre porque os seres humanos costumam perceber as coisas tendo a si mesmos como referência.

Portanto, aqueles que conseguirem compreender a Verdade universal dos meus ensinamentos durante esta era, enquanto estou vivo, estarão bem avançados e despertos no sentido espiritual, mas, na realidade, poucos conseguem alcançar esse ponto.

2
A verdade sobre o advento da consciência principal de El Cantare

✧   ✧   ✧

Em seu primeiro advento, recebeu o nome de "Alpha", e, no segundo, de "Elohim"

Costumo explicar que El Cantare possui seis almas ramos, mas, quando nos referimos à consciência principal de El Cantare, esta é na verdade a terceira vez que Ele vem à Terra. Sua primeira encarnação se deu há mais de 300 milhões de anos, quando se chamava Alpha. Nas mensagens espirituais que recebo, às vezes é mencionada a expressão As Leis de Alpha.

O nome Alpha vem de sua primeira encarnação e significa "início" ou "origem". É por isso que as leis ensinadas por Alpha são chamadas de "As Leis da Origem". A segunda encarnação da consciência principal de El Cantare foi há cerca de 150 milhões de anos. Na época, seu nome era Elohim, que passou a ser abreviado para "El". Esse nome curto se propagou pelo Oriente Médio, África e sul da Europa, e é usado como sinônimo da palavra "Deus". "El" significa "luz de Deus", "luz" ou "Deus".

Alpha definiu o direcionamento da Verdade na Terra

A primeira encarnação da consciência principal de El Cantare ocorreu quando estava sendo realizado um novo teste com a civilização terráquea. Foi justamente quando houve a primeira grande imigração para a Terra de povos vindos de outros planetas a fim de construir uma nova humanidade terráquea. Nessa época, ainda não havia sido estabelecido um sistema de valores para o planeta; então, a consciência principal veio à Terra para pregar suas Leis sob o nome "Alpha".

O primeiro grupo de extraterrestres veio de Zeta, também conhecido como Beta, da Grande Nuvem de Magalhães. Aliás, palavras como "alfa", "beta" e "gama" ainda hoje são usadas. Muitos habitantes de Zeta vieram para cá e conviveram com os humanos criados na Terra. Naquele tempo, ocorreu o primeiro antagonismo entre etnias e o risco de haver uma guerra mundial. Diante dessa crise, Alpha desceu à Terra para estabelecer um sistema de valores comum a todos e integrar aqueles em conflito.

A Happy Science publica hoje muitos livros de mensagens espirituais, mas, se cada um dos nossos seguidores resolvesse se devotar a um espírito de sua preferência e seguir seus ensinamentos, sem saber quais são os ensinamentos verdadeiros, a Happy Science cairia no caos. Na época de Alpha, a situação era semelhante a essa. Seria uma confusão se os diferentes tipos de alienígenas chegassem e tentassem impor à Terra a cultura que traziam de seu planeta de origem para ser a "cultura terráquea" dominante. Por isso, foi preciso que Alpha viesse pregar sobre a Verdade correta para a Terra e, com isso, definir o direcionamento da Verdade no planeta. Esse era o teor das Leis de Alpha.

Como Deus da Terra, Alpha disse: "Devotem-se a estes ensinamentos. Esta é a condição para que vocês sejam terráqueos". E, assim, unificou os humanos que nasceram na Terra e os alienígenas que vieram do espaço sideral sob o mesmo conjunto de Leis.

Essa foi a história da encarnação da consciência principal de El Cantare há mais de 300 milhões de anos. No futuro, quando chegar o momento, darei explicações mais detalhadas, mas, por enquanto, é suficiente descrever o que ocorreu na época de Alpha[76].

Elohim mostrou a diferença entre a luz e as trevas, o bem e o mal

A segunda encarnação da consciência principal de El Cantare foi há cerca de 150 milhões de anos. Enquanto Alpha nasceu em uma região próxima à da África atual,

---

[76] Mais detalhes em *Alpha no Hō* ("As Leis de Alpha", Happy Science: Tóquio, 2012) e *Alpha no Jidai* ("A Era de Alpha", Happy Science: Tóquio, 2017).

Elohim nasceu na Ásia ocidental, o trecho onde a Europa e a Ásia se encontram. É uma área muito próxima à do atual Oriente Médio, o berço de muitas religiões.

Os ensinamentos de Elohim se propagaram a partir do que é hoje uma zona desértica, passando para a África, a Europa e uma vasta área da Eurásia, que se estende do Cáucaso até a parte leste. El Cantare desceu pela segunda vez para disseminar seus ensinamentos nessas regiões.

Nessa época, estava se formando o "mundo espiritual inferior", que mais tarde viria a ser o Inferno. Além disso, no Mundo Celestial começava a haver diferenças de histórico de realizações e de opiniões dentro da legião de espíritos guias. Ainda não havia ocorrido a queda de Lúcifel[77] para o Inferno, mas dentre aqueles que já tinham vivido inúmeras encarnações na Terra, alguns fundaram sua própria religião, cujos ensinamentos divergiam demais das Leis de Alpha e exerciam grande influência nas pessoas. Havia sinais de que uma grande divisão no mundo espiritual da Terra iria acontecer se as coisas continuassem naquele rumo. Muitos indivíduos que, após a morte, haviam passado a habitar o mundo

---

[77] Lúcifel: demônio que domina o Inferno. Era um dos sete arcanjos, mas há cerca de 120 milhões de anos nasceu com o nome Satanás, mergulhou na ganância por status e pelos objetos materiais e se degradou. Após sua morte, não pôde retornar ao mundo espiritual superior e vem causando caos no mundo todo. Chama-se também Lúcifer (Ver *As Leis do Sol*, 2ª ed., IRH Press do Brasil, 2015). (N. do A.)

espiritual inferior não conseguiam mais subir para o Mundo Celestial. O povo da Terra precisava ser reconduzido para o caminho correto, e foi isso que motivou a vinda de Elohim.

Comparado às Leis de Alpha, quais eram os principais ensinamentos de Elohim? As Leis de Alpha estavam centradas na Gênese ou nas leis da criação da humanidade. Por outro lado, nos tempos de Elohim o mundo começava a se dividir entre a luz e as trevas; por isso, Ele procurou transmitir a sabedoria para distinguir a luz e as trevas, ou o bem e o mal.

Ele forneceu muitas orientações que explicam o que é o bem e o que é o mal no âmbito da Terra, mas, ao mesmo tempo, não se esqueceu de pregar que, mesmo dentro do mal, ainda existe luz. Ou seja, Elohim não pregou um mero dualismo do bem contra o mal; seus ensinamentos dizem algo como: "Dentro de tudo existe luz. No entanto, do ponto de vista da Verdade na Terra, é preciso fazer a distinção entre o bem e o mal, entre a luz e as trevas. E os humanos devem sempre escolher a luz".

É muito provável que esses ensinamentos tenham influenciado mais tarde o zoroastrismo e o maniqueísmo, assim como o budismo na Índia. No caso do cristianismo, não tenho certeza se podemos dizer que ele aborda o dualismo do bem e do mal, mas, como coloca muita ênfase no pecado, podemos considerar que a filosofia desse dualismo existe também em seu pano de fundo.

Isso demonstra que, comparada à primeira encarnação de El Cantare na Terra, a segunda ocorreu numa época em que havia uma grande necessidade de ensinar às pessoas a diferença entre o bem e o mal.

O princípio da governança ensinado por Elohim

Na época de Elohim, uma grande quantidade de espécies alienígenas havia imigrado para a Terra; isso trouxe uma complexidade adicional ao sistema de valores terrenos. Cada estrela ou planeta possui aspectos avançados e atrasados em áreas distintas; assim, naturalmente é muito difícil tentar integrar essas diferenças num único sistema de valores. Por isso, além de ensinar sobre o bem e o mal, Elohim também transmitiu princípios de governança que permitiriam às pessoas governar uma nação ou o mundo levando em conta as diversas opiniões.

As ideias políticas que serviram de base para o surgimento da atual democracia também são encontradas nesses princípios. Elohim ensinou um princípio parecido com o da democracia: "É ótimo expressar opiniões livres baseadas em maneiras diversas de pensar. Contudo, depois que vocês debaterem suficientemente essas opiniões e chegarem a um consenso, todos devem seguir esse consenso". Como a democracia de hoje, os princípios de governança de Elohim também incluíam os ideais de liberdade e igualdade.

• O QUE É A FÉ NO DEUS DA TERRA •

Elohim pregava o seguinte: "Tanto os terráqueos como os alienígenas são igualmente preciosos por terem dentro de si uma natureza divina, uma natureza búdica; todos são filhos de Deus e filhos da luz. No entanto, como as pessoas têm opiniões diferentes, vocês não devem unificá-las de modo unilateral. Cada um deve opinar livremente sobre o que acha correto depois de purificar o coração e fazer uma reflexão profunda. Após debater dessa forma e chegar a um consenso, sejam unânimes para executar a decisão tomada.

"Quanto às questões difíceis que não podem ser resolvidas por seres humanos, rezem para o Mundo Celestial, ouçam a voz de Deus e tomem grandes decisões com base no que escutaram. Com relação às questões mundanas delegadas a vocês para governarem, debatam livremente e cheguem a uma conclusão com o consentimento da maioria e coloquem-na em prática. Se vocês enfrentarem situações que estão além do alcance do ser humano ou com mecanismos regidos por uma força maior, impossíveis de serem mudados pela vontade humana, obedeçam à vontade de Deus."

Atualmente, as nações ocidentais defendem os conceitos de liberdade e democracia. Em particular, na Declaração de Independência dos Estados Unidos, que se tornou a base da Constituição americana, consta: "Todos os homens foram criados iguais". Isso significa que todos os humanos foram criados iguais por Deus. É por

• As leis da fé •

terem sido criados igualmente por Deus que o princípio da liberdade funciona.

É perigoso dar liberdade àqueles que não foram criados por Deus; mas Elohim ensinou que, uma vez que Deus criou todos os humanos sob o princípio da igualdade, eles podem agir, opinar e realizar diferentes atividades em busca da liberdade. E também que, como são igualmente filhos de Deus, os humanos devem buscar prosperidade com base na liberdade. E acrescentou: "Lembrem-se de que o poder humano é limitado e que aquilo que está além da capacidade humana pertence ao domínio de Deus. Jamais se esqueçam de se devotar a um Ser grandioso quando se trata de mecanismos do universo ou das leis que governam o universo". Foram esses os principais ensinamentos de Elohim.

As almas ramos de El Cantare desceram inúmeras vezes à Terra e criaram movimentos religiosos

Mais tarde, porém, diferentes seitas religiosas surgiram à medida que as pessoas escolhiam adotar apenas partes dos ensinamentos de Elohim. No Oriente Médio, por exemplo, muitas religiões foram criadas com base em partes diferentes dos ensinamentos dele, selecionados de forma mundana.

No passado, houve até o caso de um deus étnico que mudou a fé das pessoas para que elas passassem a acreditar nele como Deus Supremo. Já houve também uma tendência similar na fé a Baal, em que os ensinamentos de prosperidade baseados na liberdade foram usados para instigar a ganância das pessoas e distanciá-las da verdadeira fé e do despertar espiritual. De fato, o nome "Baal" deriva da palavra "Belial", que se refere ao demônio Belzebu. Assim, a corrupção ocorreu frequentemente em diversas religiões. É por isso que El Cantare enviou suas almas ramos inúmeras vezes à Terra, para renascerem aqui e iniciarem novos movimentos religiosos.

3
Estabelecer a fé no Deus da Terra no centro de todas as religiões

✧ ✧ ✧

*A possibilidade de crise da humanidade
e a intervenção vinda do espaço*

Hoje, existe a possibilidade de um novo conflito de valores ou de uma nova Guerra Fria em escala global. Isso significa que as nações materialistas e ateístas, que pareciam extintas, estão ganhando força e revivendo novamente. Além disso, há o perigo de que as nações baseadas na igualdade, liberdade, democracia e prosperidade estejam declinando. Porém, minha postura é de jamais perdoar, sob nenhuma hipótese, um regime que governa uma nação ou o mundo por meio de uma fé errônea chamada materialismo, que nega Deus.

Estamos entrando em um período em que há uma chance considerável de surgir um imperador do mundo com grande poder militar. Se um demônio se apossar desse indivíduo, é possível que vejamos o nascimento de uma era trágica. Por isso, chegou o momento de erguermos a luz para que ela não se afunde nas trevas.

Assim, uma grande crise se aproxima da humanidade. Paralelamente, prevejo que começará uma nova tendência, a da intervenção do espaço na Terra. Neste exato momento, seres de outros planetas estão discutindo se a civilização da Terra vai se extinguir ou não, se ela pode ser deixada do jeito que está e se eles devem intervir na Terra a certa altura dos eventos.

Um dos fatores decisivos é ver se a civilização El Cantare, que se baseia na fé em El Cantare, vai se estabelecer com sucesso no planeta. Se essa civilização prevalecer na Terra, o espaço manterá a diretriz, como sempre o fez, de observar a Terra e acompanhá-la com a menor intervenção possível.

Mas, se a civilização El Cantare não conseguir se estabelecer e terminar como uma miragem, se acabar apenas no chamado geral para construí-la, presumo que essa intervenção ocorrerá. Se for esse o caso, a convivência entre o povo da Terra e os seres de outros planetas poderia gerar um caos, que nos levaria a uma situação parecida com o que ocorreu na era de Alpha.

Deixo como legado as Leis da Terra, que guiarão a humanidade no futuro

Um dos objetivos dos meus ensinamentos é esclarecer o que são as Leis da Terra, que devem ser deixadas como legado à humanidade, prevendo que o intercâmbio

• AS LEIS DA FÉ •

com os seres do espaço se tornará uma realidade com a chegada da era espacial. Essas Leis provavelmente começarão a funcionar da forma plena depois que eu partir do mundo terreno, pois deduzo que os alienígenas começarão a intervir quando eu não estiver mais aqui. Nesse momento, a humanidade só terá como referência as Leis que estou pregando. Minhas pregações levam em conta até essa situação.

Depois de fazer essas revelações, você já deve ter percebido que, dessa vez, estou promovendo um movimento e pregando ensinamentos que levam em conta uma visão mais ampla do que aqueles da época de Buda Shakyamuni, de Hermes, de Ophealis, de Rient Arl Croud, de Thoth ou de Ra Mu. Esse é um movimento que irá determinar uma grande diretriz para a Terra.

Devo admitir que ainda falta muito para que nossa organização ou nosso movimento alcance essa escala. Contudo, isso não pode ser uma justificativa para as pessoas dizerem que essa fé é irracional. Mesmo no caso de Jesus, que não conseguiu manter os doze apóstolos unidos até o final, ele construiu mais tarde toda uma civilização cristã.

Ainda não temos uma força enorme capaz de influenciar toda a Terra, mas acredito que nossos ensinamentos têm um tipo de poder que age como o sistema imunológico, protegendo todo o planeta.

• O que é a fé no Deus da Terra •

Eu tenho a responsabilidade final sobre a Terra

As Leis de Alpha deixam bem claro de que maneira foi criado o grupo espiritual da Terra e com que objetivo. Já as Leis de Elohim abordam as questões da dualidade entre o bem e o mal, que separa o Céu e o Inferno, e como dissolver o Inferno.

Neste momento, estou trabalhando para decidir como a Terra e o universo devem se portar e como devem interagir daqui para a frente, considerando-se a gênese da Terra e do Universo. Ao mesmo tempo, tenho a grande tarefa de impedir a expansão dos domínios do Inferno e de fortalecer o poder do Mundo Celestial e dos anjos na esfera terrestre.

Em minha primeira encarnação, identifiquei-me como Alpha, depois como Elohim e, agora, como El Cantare, mas o significado fundamental desses nomes é o mesmo: o Único, o Início, a Fonte, a Luz, a Terra. Eu tenho a responsabilidade final sobre a Terra. Esse é o alicerce sobre o qual se ergue a fé em El Cantare.

Portanto, eu gostaria que você soubesse que meus ensinamentos ultrapassam todos aqueles que foram pregados no passado. As diversas religiões dos vários países têm permissão para existir sob essa fé em El Cantare, desde que contribuam para impedir a expansão do Inferno e ajudem a expandir o Mundo Celestial. A Happy Science não tem nenhuma intenção de rejeitar as outras religiões, mas saiba que a fé no Deus da Terra existe no centro de todos os demais ensinamentos.

O verdadeiro significado da frase "No Céu e na Terra, sou o único a ser reverenciado[78]"

No Brasil o catolicismo é bem forte; na Índia, há uma grande influência do hinduísmo, que pratica a adoração a múltiplos deuses. No Oriente Médio também é normal a crença em outros deuses. Entretanto, devo ensinar que existe uma Entidade Única. Os cristãos ainda não têm a plena compreensão desse ponto, mas, ao ler as palavras de Jesus na Bíblia, você vai perceber claramente que ele falou de um Ser Superior, a quem chamou de "Pai", que existe neste planeta Terra.

Na Índia, nos tempos de Buda Shakyamuni, Indra era considerado o Deus Supremo. Essa concepção se parece com a crença japonesa de que Ame-no-Minakanushi-no-Kami (literalmente, Deus no centro do Céu), a divindade máxima do Japão, é o Deus do Universo no xintoísmo japonês. Buda Shakyamuni, porém, deixava bem claro que ele era uma entidade mais sublime do que Indra ou os demais deuses que apoiavam Indra. Essa é uma das razões que levaram Buda a declarar:

---

78 Diz a lenda budista que, ao nascer, Buda Shakyamuni deu sete passos e fez essa declaração. (N. do T.)

"No Céu e na Terra, sou o único a ser reverenciado". Às vezes, essa frase pode ser mal-entendida, mas agora devo explicar seu verdadeiro significado: existe uma entidade chamada El Cantare cujos ensinamentos são as únicas e autênticas Leis da Origem. A fé em El Cantare é baseada na fé no Deus da Terra.

Na verdade, os ensinamentos de El Cantare não se originaram na Terra. Antes de vir para este planeta, El Cantare era chamado de El Miore e governava Vênus, onde realizou diversas experiências de civilização.

El Cantare convidou muitos extraterrestres para vir à Terra, mais isso não significa que Ele chamou seres que estavam seguindo um Deus diferente. El Cantare também esteve envolvido na criação das almas de alienígenas que têm pensamentos similares aos terráqueos. Creio que esse fato será esclarecido quando for contada a história de 100 bilhões de anos.

4
Começa agora a nova gênese da Terra

✧ ✧ ✧

Neste capítulo, abordei o tema "O que é a fé no Deus da Terra" e expliquei os aspectos básicos dessa fé. Não quero que as pessoas julguem essa fé com base na política, na economia e nas leis de hoje, nem por meio das concepções, dos limites e contextos das diversas religiões. Em vez disso, elas devem captar a fé em El Cantare, tendo compreendido bem que Ele que é a Origem e o Alpha.

Eu gostaria que você soubesse que é com base nessa fé que as diversas mensagens espirituais são possíveis, e que os espíritos divinos e superiores de diferentes níveis que estão sob a fé em El Cantare são especialistas em assuntos diversos e dão suas opiniões com base em suas experiências.

Portanto, os ensinamentos das mensagens espirituais não devem ser usados de maneira leviana. Somente quando você tem fé em El Cantare é que percebe o verdadeiro sentido dessas mensagens.

Existem ensinamentos que dei em minhas encarnações anteriores como Buda e Hermes, assim como os ensinamentos que apresentei em antigas civilizações como Ra Mu e Thoth que não podem ser rastreados pelas pessoas de hoje. Mas a crença em El Cantare não deve ser limitada nem mesmo pelos ensinamentos anteriores dados pelas almas ramos de El Cantare. Eu gostaria que você tivesse a profunda consciência de que agora está começando a nova gênese da Terra. No passado, ensinei que a missão de propagar as Leis é dos discípulos. De fato, até onde e por quanto tempo meus discípulos vão conseguir espalhar essa fé é o que vai determinar se ela será conhecida pelas próximas gerações. A gênese da Terra está apenas no início de uma longa jornada, e você ainda não conhece o verdadeiro El Cantare. Aquele que você está vendo com seus olhos é apenas uma parte de El Cantare manifestada como uma pessoa que vive na mesma época que a sua. Saiba que a verdadeira imagem de El Cantare é a que aparecerá daqui a alguns séculos ou milênios.

Capítulo SEIS

A escolha da humanidade

Defender a liberdade e a democracia sob o Deus da Terra

1
O século XXI: "paz e estabilidade" ou uma "seleção natural da humanidade"?

✧   ✧   ✧

A importância da minha primeira conferência no Tokyo Dome após 22 anos

Este capítulo baseia-se na conferência que realizei no Tokyo Dome em 2 de agosto de 2017 [ver Figura 5], após 22 anos. Até 1995, eu já havia efetuado dez palestras no Tokyo Dome, e fiquei feliz ao constatar que muitos daqueles que ainda nem haviam nascido naquela época hoje são nossos funcionários ou membros ativos da Happy Science.

Desde então, temos conduzido nossas atividades de maneira discreta porém contínua, a fim de propagar nossos ensinamentos pelo Japão e para o mundo todo. Até agora publiquei mais de 2.300 livros e ministrei mais de 2.600 palestras[79] assistidas por centenas de milhões de pessoas.

Naquela noite de 2 de agosto, fizemos a transmissão do evento em Tóquio via satélite para mais de 3.500 lo-

---
79 Até novembro de 2017.

calidades no mundo todo. Entretanto, muitos países não conseguiram receber as transmissões de imediato. Consta-me que algumas pessoas tiveram de esperar até outubro para ouvir minha palestra.

Isso me fez perceber o quão grande é o mundo. É preciso ter uma responsabilidade imensa, forte e ilimitada para passar ensinamentos a todos os povos. Já estou nesse trabalho há mais de trinta anos; quando realizei a primeira conferência no Tokyo Dome, em 1991, o nome da Happy Science tornou-se amplamente conhecido

Figura 5.
Foto do local principal da palestra especial "A escolha da humanidade", realizada em 2 de agosto de 2017 no Tokyo Dome.

por todo o país, mas o evento deve ter se assemelhado a uma reunião estranha de algum novo grupo religioso. Alguns de nossos seguidores acabaram enfrentando muitos transtornos porque as pessoas em geral não conseguiram compreender claramente a Happy Science.

Desde esse evento, temos propagado nossos ensinamentos por todo o planeta, e hoje adquiri certa autoconfiança. Será que existe mais alguém na Terra capaz de pregar ensinamentos para o mundo inteiro a partir do Tokyo Dome? Esse é o motivo pelo qual estou aqui ensinando a Verdade a todos. Por favor, eu gostaria que você transmitisse para a posteridade que o Senhor não abandonou a humanidade no início do século XXI.

A população mundial ultrapassou a marca dos 7 bilhões de pessoas, e é um desafio enorme levar os ensinamentos a todos os povos. Contudo, se o século XXI será de paz e estabilidade ou uma época em que a humanidade superpovoada passará por uma seleção natural, isso vai depender das ações de cada pessoa que está vivendo o presente e daquelas que seguirão seus passos.

Por que ministrei uma palestra no Tokyo Dome, pela primeira vez após 22 anos? Porque esse é o momento que determinará o futuro da humanidade, e esse é o exato momento em que chegamos ao topo da montanha.

Alpha é o Deus da Origem e o Deus da Criação

O meu desejo de criar a humanidade data de uma época há 300 ou 400 milhões de anos. Embora a ciência moderna não admita isso, os ancestrais dos humanos viveram há mais de 300 milhões de anos, numa época em que os dinossauros ainda perambulavam por aqui.

Na fase inicial, permiti que três tipos de pessoas vivessem na Terra. Já havia seres espirituais vivendo na esfera do planeta, então materializei algumas centenas deles para enviá-los ao mundo terreno como seres dotados de corpo físico.

Havia também outro grupo, constituído de humanos de espécies diferentes, vindos de outras estrelas; dentre eles, escolhi aqueles que poderiam se adaptar ao ambiente terrestre.

Um terceiro tipo de seres do espaço sideral não era adequado ao ambiente do planeta, e foi preciso fazer alterações no corpo físico deles para que se adaptassem à vida na Terra; permiti que eles tivessem um formato híbrido antes de enviá-los para cá.

Na gênese da humanidade, habitei a Terra com essas três espécies humanas. Nessa ocasião, desci a este planeta com o nome "Alpha". Esse é o nome do primeiro líder da humanidade e foi quando "El Cantare" passou a ser chamado de "Senhor". O nome era Alpha, o "Deus da Origem" e o "Deus da Criação".

• A ESCOLHA DA HUMANIDADE •

No último milhão de anos, a humanidade presenciou a ascensão e o declínio de sete civilizações

Desde que desci ao mundo terreno, fiz diversas tentativas para criar algo novo. Também originei muitas civilizações com o objetivo de unificar as diferentes raças humanas como terráqueos, induzindo as pessoas de diversos pensamentos e características a se conciliarem e cooperarem entre si. No entanto, muitos indivíduos não conseguiam compreender meus pensamentos. Eles se envolviam em guerras devido a diferenças de etnia ou de cor da pele. Mesmo assim, com um coração tolerante, venho acompanhando a lenta evolução e o desenvolvimento da humanidade por 330 milhões de anos.

Ainda hoje existe racismo e discriminação racial por causa da cor da pele. Além disso, há diferentes níveis de desenvolvimento econômico e intelectual entre os países, e cada um deles valoriza o ser humano de um modo; o valor da vida de uma pessoa em determinado país pode ser 1% do que vale alguém de outro país.

Durante um longo período, fiz várias tentativas. Enviei diversos salvadores à Terra, às vezes dois deles na mesma época. Ao redor deles iam surgindo religiões étnicas; mas, embora fossem baseadas no amor de Deus, essas religiões causavam desconfiança entre as pessoas, dando origem a batalhas nas quais um povo tentava eliminar o outro. Isso já aconteceu muitas vezes no passado.

Não contarei aqui uma história de centenas de milhões de anos porque provavelmente esse conhecimento é desnecessário para você. Mas posso dizer que, no último milhão de anos, a humanidade presenciou a ascensão e o declínio de sete civilizações. As civilizações às quais me refiro aqui são em um sentido amplo, de surgimento e submersão de um continente inteiro. A atual civilização é a sétima. Será que ela chegará ao fim ou ainda continuará por muito tempo? Esse rumo depende do presente.

2
O risco de uma guerra nuclear em diversas partes do mundo

✧ ✧ ✧

Pela terceira vez, o programa nuclear da Coreia do Norte dá início a um momento crítico

Um dos maiores problemas que o mundo enfrenta atualmente é o surgimento de um novo "foco de incêndio" na Ásia: o desenvolvimento nuclear e os testes de mísseis balísticos da Coreia do Norte. O objetivo do país é desenvolver um arsenal nuclear que possa lutar em pé de igualdade com os Estados Unidos. Do ponto de vista deles, estão fortalecendo seu poder bélico para se defender e proteger o país de possíveis ataques americanos.

Mas, pela perspectiva dos americanos, como são encaradas essas ações? A Coreia do Norte já possui um míssil balístico intercontinental capaz de alcançar o território americano, e foi bem-sucedida nos testes de bombas atômicas e bombas de hidrogênio. É impensável que os Estados Unidos permaneçam calados e deixem a Coreia do Norte agir livremente. Algumas pessoas acreditam que ainda existe margem para negociação, enquanto outras afirmam que a fase de diálogo já acabou.

• As leis da fé •

Na conferência de 2 de agosto, eu havia dito que os Estados Unidos iriam se decidir dentro de um mês. Porém, quando quer que ocorra a decisão norte-americana, ela será determinante para o futuro da humanidade.

Essa é a terceira vez que os Estados Unidos enfrentam a ameaça nuclear da Coreia do Norte. A primeira vez foi em 1994, durante a administração de Bill Clinton, quando se levantou a suspeita de que a Coreia do Norte estaria desenvolvendo armas nucleares. Naquela ocasião, o governo Clinton considerou seriamente a possibilidade de realizar um ataque às instalações nucleares norte-coreanas. Porém, uma simulação feita em computador estimou que pelo menos 1 milhão de sul-coreanos e 100 mil americanos poderiam morrer.

Ao ver essa previsão, o então presidente sul-coreano Kim Young-sam – que é considerado o mentor político do atual presidente, Moon Jae-in – pediu para os Estados Unidos desistirem da ideia do ataque, porque eles não poderiam permitir a morte de 1 milhão de pessoas. Sem o consentimento da Coreia do Sul, os Estados Unidos cancelaram o ataque e resolveram abrir um diálogo com a Coreia do Norte. Como resultado, o primeiro presidente norte-coreano, Kim Il-sung, prometeu interromper seu projeto de desenvolver o arsenal nuclear do país.

Nessa época, eu realizei uma conferência e alertei sobre os perigos do desenvolvimento nuclear norte-coreano, declarando que era preciso adotar medidas contra isso[80]. Ademais, no primeiro filme produzido pela Happy Science, *As Terríveis Profecias de Nostradamus*, de 1994, avisei sobre esse perigo. Eu já havia dado o alerta desde aquela época.

    A segunda crise ocorreu entre 2008 e 2009, quando o líder norte-coreano era Kim Jong-Il. Naquela época, a Coreia do Norte havia decidido avançar ainda mais em seu programa nuclear. Infelizmente, porém, no mesmo período houve a troca de poder dos Estados Unidos, com os republicanos cedendo lugar para os democratas, ou seja, a administração passou a ser de Obama. Paralelamente, uma grande recessão global foi desencadeada pela falência do banco Lehman Brothers, impedindo que os americanos adotassem medidas contra o desenvolvimento nuclear da Coreia do Norte. Os Estados Unidos deixaram escapar essas duas chances. Hoje, com o terceiro líder no poder, Kim Jong-un, a Coreia do Norte tenta concluir seu programa nuclear. De qualquer forma, é uma situação lamentável.

    Da minha parte, estou apressando meu trabalho para preparar uma estrutura no mundo celestial capaz de receber a alma de mais de 1 milhão de pessoas, caso uma guerra seja deflagrada. Num futuro próximo, as de-

---

[80] Ver *Utopia Souzou Ron* ("Teoria da Construção da Utopia", Tóquio: IRH Press, 1997).

cisões dos Estados Unidos chegarão ao conhecimento de todos. Se esse país agir, a Coreia do Norte irá desmoronar, à custa de um grande número de vidas. Por outro lado, se os americanos não fizerem nada, ou seja, se o presidente Trump não tiver a capacidade de tomar uma decisão, os Estados Unidos deixarão a posição de superpotência e não serão mais uma nação hegemônica. Desse modo, não haverá mais nenhum país que seguirá seus conselhos.

A situação da Ásia e do Oriente Médio quanto à energia nuclear

Já existem crises em todas as partes do globo. Por exemplo, países como o Butão e o Nepal temem a invasão da China. Há um atrito entre a Índia e a China; atualmente a Índia está bastante irritada, e poderia haver uma guerra nuclear com a China a qualquer momento. Se não houver um líder no mundo, não será possível deter tensões como essas.

Ao rever o passado, podemos ver que ocorreram diversas crises parecidas. Em 1962, houve a Crise dos Mísseis de Cuba. A situação ficou crítica quando a União Soviética construiu uma base de mísseis na ilha de Cuba e ali instalou mísseis nucleares direcionados para o território americano. Naquela circunstância, o então presidente Kennedy estabeleceu um bloqueio marítimo e exigiu a retirada das armas nucleares. Em resposta, o primeiro-ministro da União Soviética, Nikita Khrushchev, por fim concordou e, assim, o risco de uma guerra nuclear foi eliminado. Houve também outras crises nucleares além dessa. A Índia e o Paquistão[81] já estiveram à beira de uma guerra nuclear. No caso de Israel, o país constantemente faz uma ameaça nuclear às nações árabes ao seu redor, porque Israel acha que, por ser um país pequeno, precisa de armas nucleares para se proteger. Desse modo, presume-se que o Irã venha a ser o próximo problema nuclear depois da Coreia do Norte.

---

81 Índia e Paquistão, depois de terem conquistado a independência em 1947, vieram disputando a posse da região Caxemira enfrentando-se em três guerras indo-paquistanesas. Em 1974, a Índia realizou um teste nuclear subterrâneo, declarando, assim, a posse de bomba nuclear. Em 1998, ambos os países realizaram uma série de testes nucleares e aumentavam a tensão de uma guerra nuclear. (N. do A.)

3
A situação de vários países à luz da justiça mundial

❖   ❖   ❖

A defesa nacional baseada no patriotismo é muito importante para a estabilidade e o desenvolvimento de uma nação. Assim como as unidades administrativas são reconhecidas pelo governo dentro de um país, é natural que cada um dos quase duzentos países da Terra tenha um sistema de defesa para se proteger. Contudo, esse é apenas um dos critérios, e não o único. Outro critério é analisar se existe justiça global no pensamento de uma nação. Esse é o ponto mais importante.

Há questões extremamente difíceis no mundo atual. Por exemplo, o líder norte-coreano não escuta nem um pouco a voz do mundo. E o presidente da China praticamente não distingue as leis internas das internacionais. No caso da Rússia, metade de suas ideologias tem aspectos de uma nação ditatorial. Na outra metade, ela busca liberdade e democracia e almeja a restauração oficial da Igreja Ortodoxa Russa.

Considerando-se esses problemas, eu gostaria de dar alguns exemplos aqui para ilustrar as diferenças entre os países.

• A ESCOLHA DA HUMANIDADE •

Estados Unidos

Quando Donald Trump entrou para o cenário político, recebeu críticas severas da mídia durante sua campanha eleitoral. Mesmo depois de ter assumido a presidência dos Estados Unidos, continuou sendo criticado. No comando dessas críticas está a CNN, uma importante emissora de tevê que tem atuação internacional. O que se nota é que o principal âncora do noticiário da emissora parece hostilizar o presidente Trump e se opõe a ele firmemente. Apesar disso, creio que o apresentador não sente risco de vida. Assim é a nação americana.

Rússia

O que aconteceria na Rússia se o principal apresentador de notícias de uma emissora importante como a CNN criticasse o presidente Putin ininterruptamente? Com certeza ele seria assassinado. No passado já houve casos assim.

China

E se uma grande emissora de tevê chinesa criticasse os erros do presidente Xi Jinping ou do governo chinês? Pode-se imaginar que o apresentador seria preso. Na melhor das hipóteses, o apresentador terminaria como Liu Xiaobo[82], porém o mais provável é que fosse "apagado".

---

82 Liu Xiaobo (1955-2017): ativista humanitário chinês. Em 1989, liderou

A empresa seria dissolvida ao ser estatizada. De fato, Xi Jinping já sofreu seis tentativas de assassinato. Dizem que, entre os líderes históricos da China, ele é o dirigente que mais teme ser assassinado. Deve ser por isso que ele tenta sempre mostrar uma liderança agressiva. Assim é a China.

Coreia do Norte
E na Coreia do Norte? Em primeiro lugar, seria impossível existir uma organização como a CNN. Se você observar o povo norte-coreano em diferentes noticiários, verá que a única pessoa que está realmente sorrindo é Kim Jong-un. É uma nação completamente totalitarista. Podemos dizer também que é um regime totalitarista socialista.

Voltando ao caso da China, a situação dela é semelhante à da Coreia do Norte, mas a China ainda possui certa tolerância por permitir certa competição de poderes. Apesar disso, sinto que ainda vai demorar um tempo até que o regime seja mudado.

uma greve de fome em protesto na Praça da Paz Celestial e foi preso. Em 2008, esboçou e anunciou a Carta 08. Em 2010, foi condenado a onze anos de prisão. No mesmo ano, durante a prestação de serviço comunitário, recebeu o Prêmio Nobel da Paz. Em 2017, foi diagnosticado com câncer de fígado. Mais tarde, veio a falecer em um hospital fora da prisão. Ver *Chūgoku Minshuka Undou no Kishu, Liu Xiaobo no Reigen* ("Liu Xiaobo, o Porta-Bandeira do Movimento de Democratização da China"), Tokyo: IRH Press, 2017. (N. do A.)

Japão

E o Japão? Se uma emissora como a CNN criticasse o tempo todo o primeiro-ministro Abe, provavelmente ele convidaria o representante dessa organização para um jantar a fim de acalmá-lo ou o levaria para jogar uma partida de golfe. Se, mesmo assim, as críticas não parassem, ele pediria para algum chefe de gabinete renunciar. Em última instância, ele próprio renunciaria. Assim é o Japão.

Todos os países encontram-se em diferentes circunstâncias e cada um responde de um modo distinto. Portanto, se você fosse renascer agora, que país escolheria? Pense bem nisso. Mesmo estando ciente das circunstâncias de cada nação, se você tiver vontade de nascer novamente em determinado país, saiba que a Justiça de Deus nos bastidores existe naquele país. É difícil, mas você não pode fugir do olhar de Deus para decidir se o país que você quer defender *merece ou não ser defendido*.

Essas são situações da vida real. Embora todas as pessoas tenham o direito de amar e defender o próprio país, não devemos esquecer que existe outro critério pelo qual um país deve ser analisado: "De acordo com a Justiça Global, esta nação a ser protegida é correta? Está de acordo com a Vontade de Deus?".

4
A humanidade encontra-se hoje diante de uma importante encruzilhada

✧ ✧ ✧

O problema da separação entre a religião e o Estado em nações livres e democráticas

Por um lado, existem nações sob o regime totalitário ou totalitário socialista nas quais a política e a economia só podem funcionar obedecendo às regras definidas pelo governo. As liberdades, que incluem a de opinião, de expressão e de imprensa (que engloba publicações e mídia), sofrem severas restrições.

Por outro lado, há nações livres e democráticas que aceitam todas essas liberdades. Talvez elas ainda tenham muitos problemas a resolver, mas estão buscando justiça em meio à liberdade e à democracia.

Em outras palavras, chegamos a duas possibilidades. Uma é aquela na qual o regime liberal e democrático baseado nos Estados Unidos e no Japão continua a conduzir o mundo como líder a partir de 2017. A outra é aceitarmos que o mundo seja dominado pelo medo, governado por nações totalitaristas como a Coreia do Norte e a China, onde não existe liberdade de imprensa nem

• A ESCOLHA DA HUMANIDADE •

de opinião. O ano de 2017 foi crucial para essas questões, quando encaramos uma escolha dessa natureza. Por favor, esteja preparado para o que está por vir. Tenha coragem. Haverá muitas opiniões conflitantes que deixarão as pessoas confusas. As discussões vão se aquecer no âmbito internacional. Se você ficar confuso, no final ouça as minhas palavras, pois elas vêm do Ser que tem guiado a humanidade.

Eu ficarei satisfeito se conseguir tornar real a administração de uma nação na qual as palavras de Deus se concretizam. Contudo, não vejo nenhum país assim no mundo atualmente. As nações livres e democráticas com certeza são muito melhores do que os países que reprimem os direitos humanos e matam seus cidadãos facilmente. Entretanto, saiba que existem muitas nações liberais e democráticas que já não conseguem mais ouvir as palavras de Deus e consideram os ensinamentos divinos coisas do passado.

O conceito-chave para entender isso é a "separação entre a religião e o Estado". É comum que essas nações separem a política da religião. É por isso que, embora Jesus Cristo tenha ensinado: "Não matarás", alguns países cristãos travam guerras entre si. Ou seja, ao separar a política da religião, a política não é mais realizada por Deus, e sim por indivíduos eleitos pela população. Por isso eles podem matar. Essa é consequência da separação entre religião e Estado.

O problema do monoteísmo nos países teocráticos

Por outro lado, há nações em que a religião e a política seguem juntas. Esses países tentam refletir os ensinamentos de Deus em seu regime político e econômico. Os países muçulmanos têm essa filosofia. Se a verdadeira vontade de Deus fosse refletida genuinamente em sua política, eles deveriam gerar um resultado correto. Porém, depois de 1.400 anos do advento de Maomé, os líderes das nações islâmicas não conseguem mais compreender a vontade de Maomé diretamente. Por isso, embora consultem as antigas escrituras, hoje eles adotam regimes políticos e econômicos que só servem para levar vantagem.

Mesmo a teocracia, a união entre a religião e o Estado, tem problemas como esse.

Além disso, historicamente muitas nações islâmicas têm uma forte ligação com a monarquia e tendem a detestar o sistema democrático. Por isso, alguns muçulmanos que imigram para países ocidentais de vez em quando provocam atentados terroristas e causam pânico no mundo.

Há também muçulmanos que reconhecem a democracia, mas não os fundamentalistas ou radicais; para estes, os seres humanos deveriam viver como Deus manda.

• A ESCOLHA DA HUMANIDADE •

Contudo, o problema é que os líderes muçulmanos atuais não conseguem ouvir a voz de Deus. Se ouvissem, eles poderiam refletir e mudar seus pensamentos. Aqueles que eram capazes de escutar as palavras de Deus eram os povos da Antiguidade clássica, uma época muito antiga. Não adianta tentar tomar decisões sobre a política e a economia modernas com base nas palavras daquela época, pois naqueles tempos nada era mencionado sobre os assuntos atuais.

Outro problema são os muçulmanos homens-bomba. No Alcorão, Alá prega: "Não matarás". Ele ensina que não se pode matar nem ferir ninguém. Apesar disso, os homens-bomba muçulmanos travam guerras porque acham que o seu Deus é o verdadeiro, e que todos os outros são falsos. Entretanto, eles precisam saber que o monoteísmo não é o único caminho da religião.

Historicamente, cada país ou povo tem uma entidade que considera como seu deus. Nesse sentido, o conceito do politeísmo existe na prática, como na Índia, onde há numerosos deuses. Se, nessas circunstâncias, cada um considerasse que o seu Deus é o único e verdadeiro e todos os restantes são falsos, haveria guerras o tempo todo. Seria justificável atacar e ocupar outros países para espalhar seus ensinamentos para outras etnias.

O cristianismo é outra religião monoteísta, o que ajuda a explicar por que, no passado, espanhóis e portugueses deram uma volta na Terra para dizimar religiões de diversos países e colonizá-los. Mesmo assim, o cristianismo não está conseguindo governar o mundo. Não é por culpa de Deus, mas, sim, uma questão de nível de consciência daqueles que conduzem atividades recebendo a palavra de Deus.

5

Mensagem de El Cantare, o Deus da Terra

Agora digo a todos.
O Senhor Deus, assim chamado pelos cristãos;
Elohim, assim chamado pelos judeus;
Alá, assim chamado pelos muçulmanos;
O Soberano do Céu,
Assim chamado por Confúcio, da China;
E, ainda, Ame-no-Mioyagami, no xintoísmo japonês,
A entidade que nem é conhecida pelo xintoísmo,
Mas que está ainda mais acima
De Ame-no-Minakanushi-no-Kami, seu deus central;
Todos eles são a mesma e única Entidade.

De fato, cada religião tem os próprios pensamentos
Devido às diferentes características de seu povo
Ou de sua cultura.
Contudo, a origem é única.
Todos nós somos amigos
Passando por um aprimoramento
Juntos aqui no mundo terreno,
Lapidando nossa alma de diversas maneiras.

• As leis da fé •

Para que as pessoas possam transpor
A barreira entre as etnias,
Eu criei o mecanismo do ciclo reencarnatório.
Um japonês nesta vida pode não ter sido japonês
Na vida passada.
Em vez disso, pode ter sido um europeu,
Um chinês ou um coreano.
O contrário também pode ocorrer, é claro.
Ao passar por essas experiências da alma,
Até mesmo trocando de sexo,
Ao longo de inúmeras encarnações,
O ser humano procura
Aumentar sua capacidade de compreensão.
Eu nasci agora no país chamado Japão
Para pregar as Leis definitivas, as Leis completas.
Eu irei revelar
Tudo o que estiver dentro da minha compreensão.

De agora em diante,
Vocês não devem causar guerras
No âmbito internacional
Por motivos religiosos.
Vocês não devem causar guerras
Por crer ou não em Deus
Ou por ter fé ou não.
Kim Jong-un, creia em Deus.
Abandone as armas nucleares.

• A ESCOLHA DA HUMANIDADE •

Xi Jinping, reconheça Deus.
Admita o liberalismo e a democracia
Orientados por Deus.
Essas são as palavras do Deus da Terra.

E digo aos países muçulmanos:
Vocês dizem ser monoteístas,
Mas estão ouvindo a voz de Deus?
Se quiserem ouvi-la,
Escutem as minhas palavras.
Dessa forma, os muçulmanos e os europeus
Não precisarão mais travar batalhas
Efetuando ataques terroristas,
Tendo as imigrações como estopim.
Eu jamais recomendo isso.
Não aprovo que civis ataquem outros civis
Jogando carros com bombas sobre eles.
Não aprovo que mães ou crianças
Envoltas em dinamite
Cometam suicídio terrorista
Explodindo a si mesmas no meio da multidão,
Causando terror a dezenas de milhares de pessoas.

Digo agora a todos:
A humanidade deve conhecer
As palavras do verdadeiro Deus,
Superar suas diferenças, harmonizar-se,

Cooperar, evoluir e se desenvolver.
Essas são as palavras de El Cantare, o Deus da Terra.
Jamais se esqueçam disso.
Gravem-nas no seu coração.

A humanidade é uma só.
De agora em diante, creia na Existência Divina
Que supera os conflitos terrenos.
E, regida por Ele,
Escolha dar continuidade ao mundo que preza
Pela liberdade e pela democracia.

Repito.
O que a Coreia do Norte precisa é de fé.
O que a China precisa também é de fé.
O que a Índia precisa é de um Deus
Que esteja acima dos diversos deuses.
O que as nações islâmicas precisam
É conhecer quem é Alá.
Eu amo a humanidade e a aceito,
Transcendendo suas diferenças.
Por favor, aprenda o que é o amor
Por meio do ato de crer.
Essa é a minha mensagem.

POSFÁCIO

Eu declaro às pessoas do mundo todo que vivem o presente momento e são levadas pela avalanche de informações triviais:

Este livro é a Bíblia e o Alcorão da era moderna.

É o cerne dos ensinamentos de uma religião de escala global que sucede o cristianismo e o islamismo.

No final, cada um terá de chamar Deus pelo Seu nome.

A missão deste livro é revelar este nome.

Crer é também amar a si mesmo, uma alma de vida eterna.

Ryuho Okawa
Dezembro de 2017

O QUE É EL CANTARE?

El Cantare significa "Luz da Terra" e é o Deus Supremo da Terra que vem guiando a humanidade desde o início da gênese. Ele é aquele a quem Jesus chamou de Pai, e suas almas ramos, como Buda e Hermes, desceram à Terra várias vezes par ajudar no desenvolvimento de muitas civilizações. Para unir diferentes religiões e integrar distintos campos de estudo com o objetivo de construir uma nova civilização, uma parte de Sua consciência principal veio à Terra como mestre Ryuho Okawa.

El Cantare,
Deus da Terra

Ra Mu

Sidarta Gautama

Thoth

Hermes

Rient Arl Croud

Ophealis

Ryuho Okawa

• O QUE É EL CANTARE? •

Buda
Sidarta Gautama nasceu como príncipe do clã Sakya, na Índia, há cerca de 2.600 anos. Aos 29 anos, renunciou ao mundo e ordenou-se em busca de iluminação. Mais tarde, alcançou a Grande Iluminação e fundou o budismo.

Hermes
Na mitologia grega, Hermes é considerado um dos doze deuses do Olimpo. Porém, a verdade espiritual é que ele foi um herói da vida real que, há cerca de 4.300 anos, pregou os ensinamentos do amor e do desenvolvimento que se tornaram a base da civilização ocidental.

Ophealis
Nasceu na Grécia há cerca de 6.500anos e liderou uma expedição até o distante Egito. Ele é o deus dos milagres, da prosperidade e das artes, e também é conhecido como Osíris na mitologia egípcia.

Rient Arl Croud
Nasceu como rei do Antigo Império Inca há cerca de 7.000 anos e ensinou sobre os mistérios da mente. No mundo celestial, ele é o responsável pelas interações que ocorrem entre vários planetas.

Thoth
Foi um líder onipotente que construiu a era dourada da civilização de Atlântida há cerca de 12.000 anos. Na mitologia egípcia, ele é conhecido como o deus Thoth.

Ra Mu
Foi o líder responsável pela instauração da era dourada da civilização de Mu, há cerca de 17.000 anos. Como líder religioso e político, ele governou unificando a religião e a política.

O QUE É UMA MENSAGEM ESPIRITUAL?

Todos nós somos seres espirituais que vivem neste planeta. Esse é o mecanismo das mensagens espirituais de Ryuho Okawa.

1. Você é um espírito

As pessoas nascem neste planeta para adquirir sabedoria por meio de várias experiências e voltar para o outro mundo no fim da vida. Somos todos espíritos e repetimos este ciclo para aprimorar nossa alma:

O Ciclo da Vida

- Retorna para o outro mundo
- O outro mundo / Este mundo
- Nasce na Terra
- Acumula várias experiências
- Juventude
- Maturidade
- Paternidade
- Velhice

2. Você tem um espírito guardião

Os espíritos guardiões são seres que protegem as pessoas que vivem na Terra. Cada um de nós tem um espírito guardião que, do outro mundo, nos vigia e nos orienta. Eles são uma de nossas vidas passadas, e são idênticos a nós na maneira de pensar.

- O outro mundo / Este mundo
- Espírito guardião
- Nos observa / envia inspirações
- Você

• O QUE É UMA MENSAGEM ESPIRITUAL? •

3. Como funciona a mensagem espiritual

O espírito guardião pensa no mesmo nível subconsciente da pessoa que está vivendo na Terra; então, Ryuho Okawa consegue invocar o espírito e descobrir o que a pessoa na Terra está de fato pensando. Se a pessoa já voltou para o outro mundo, o espírito pode dar mensagens às pessoas vivas aqui através de Ryuho Okawa.

1. O espírito guardião / espírito no outro mundo...
2. Entra em Ryuho Okawa neste mundo
3. Okawa fala as palavras do espírito guardião / espírito

As mensagens espirituais de mais de setecentas sessões têm sido gravadas publicamente por Ryuho Okawa desde 2009, e a maior parte delas já foi publicada. As mensagens dos espíritos guardiões de políticos vivos, como o presidente americano Donald Trump, o primeiro-ministro japonês Shinzo Abe e o presidente chinês Xi Jinping, assim como mensagens de Jesus Cristo, Maomé, Thomas Edison, Madre Teresa de Calcutá, Steve Jobs e Nelson Mandela, enviadas do mundo espiritual, constituem apenas uma pequena parte do material que temos divulgado até o momento.

No Japão, essas mensagens espirituais têm sido lidas por uma ampla gama de políticos e meios de comunicação, e seu conteúdo de alto nível tem causado um impacto ainda maior na política, nos noticiários e na opinião pública. Recentemente, algumas mensagens espirituais foram gravadas em inglês, e outras, dadas em japonês, estão sendo traduzidas para o inglês. Elas têm sido divulgadas no exterior, uma após a outra, e começaram a abalar o mundo.

Para mais informações sobre as mensagens e a lista completa de livros, visite: okawabooks.com

• As leis da fé •

Este livro é uma compilação das seguintes palestras, com alguns acréscimos, conforme listado a seguir.

CAPÍTULO UM – A capacidade de crer
Título em japonês: *Shinjiru Chikara*
Palestra dada em 11 de fevereiro de 2017 no Beppu International Convention Center, B-Con Plaza, Ōita, Japão

CAPÍTULO DOIS – Comece pelo amor
Título em japonês: *Ai kara Hajimaru*
Palestra dada em 9 de julho de 2017
no Tokyo Shoshinkan, Tóquio, Japão

CAPÍTULO TRÊS – O portal para o futuro
Título em japonês: *Mirai e no Tobira*
Palestra dada em 9 de janeiro de 2017
no Pacifico Yokohama, Kanagawa, Japão

CAPÍTULO QUATRO – A religião mundial originária do Japão salvará a Terra
Título em japonês: *Nihon Hatsu Sekai Shūkyō ga Chikyū wo Sukuu*
Título da palestra: *Kyūsei no Hō Kōgi*
Palestra dada em 16 de janeiro de 2011
no Tokyo Shoshinkan, Tóquio, Japão

CAPÍTULO CINCO – O que é a fé no Deus da Terra
Título em japonês: *Chikyū shin e no Shinkō towa nanika*
Título da palestra: *El Cantare Shinkō towa nanika*
Palestra dada em 2 de novembro de 2010
na Matriz Geral da Happy Science, Tóquio, Japão

CAPÍTULO SEIS – A escolha da humanidade
Título em japonês: *Jinrui no Sentaku*
Palestra dada em 2 de agosto de 2017
no Tokyo Dome, Tóquio, Japão

Palavras que vão transformar o amanhã são citações de outros livros do autor.

Sobre o autor

O mestre Ryuho Okawa começou a receber mensagens de grandes personalidades da história – Jesus, Buda e outros seres celestiais – em 1981. Esses seres sagrados vieram com mensagens apaixonadas e urgentes, rogando que ele transmitisse às pessoas na Terra a sabedoria divina deles. Assim se revelou o chamado para que ele se tornasse um líder espiritual e inspirasse pessoas no mundo todo com as Verdades espirituais sobre a origem da humanidade e sobre a alma, por tanto tempo ocultas. Esses diálogos desvendaram os mistérios do Céu e do Inferno e se tornaram a base sobre a qual o mestre Okawa construiu sua filosofia espiritual. À medida que sua consciência espiritual se aprofundou, ele compreendeu que essa sabedoria continha o poder de ajudar a humanidade a superar conflitos religiosos e culturais e conduzi-la a uma era de paz e harmonia na Terra.

Pouco antes de completar 30 anos, o mestre Okawa deixou de lado uma promissora carreira de negócios para se dedicar totalmente à publicação das mensagens que recebeu do Mundo Celestial. Desde então, já publicou mais de 2.300 livros, tornando-se um autor de grande sucesso no Japão e no mundo.

A universalidade da sabedoria que ele compartilha, a profundidade de sua filosofia religiosa e espiritual e a clareza e compaixão de suas mensagens continuam a atrair milhões de leitores. Além de seu trabalho contínuo como escritor, o mestre Okawa dá palestras públicas pelo mundo todo.

• SOBRE O AUTOR •

Transmissão de palestras em mais de 3.500 locais ao redor do mundo

Desde a fundação da Happy Science, em 1986, o mestre Ryuho Okawa proferiu mais de 2.700 palestras. Esta foto é do Evento de Celebração da Palestra da Descida do Senhor, realizada na Super Arena Saitama, no Japão, em 8 de julho de 2014. Na palestra intitulada "A Grande Estratégia para a Prosperidade", o mestre ensinou que não devemos nos apoiar num grande governo e que, caso surja um país ambicioso, devemos mostrar ao seu povo qual é o caminho correto. Ele também ensina que é importante construir um futuro de paz e prosperidade com os esforços e a perseverança de cada indivíduo independente. Mais de 17 mil pessoas compareceram ao estádio principal e o evento foi também transmitido ao vivo para mais de 3.500 locais ao redor do mundo.

Mais de 2.300 mil livros publicados

Os livros do mestre Ryuho Okawa foram traduzidos em 30 línguas e vêm sendo cada vez mais lidos no mundo inteiro. Em 2010, ele recebeu menção no livro *Guinness World Records* por ter publicado 52 livros em um ano. Ao longo de 2013, publicou 106 livros. Até dezembro de 2017, o número de livros lançados pelo mestre Okawa passou de 2.300.

Entre eles, há também muitas mensagens de espíritos de grandes figuras históricas e de espíritos guardiões de importantes personalidades que vivem no mundo atual.

Sobre a Happy Science

Em 1986, o mestre Ryuho Okawa fundou a Happy Science, um movimento espiritual empenhado em levar mais felicidade à humanidade pela superação de barreiras raciais, religiosas e culturais, e pelo trabalho rumo ao ideal de um mundo unido em paz e harmonia. Apoiada por seguidores que vivem de acordo com as palavras de iluminada sabedoria do mestre Okawa, a Happy Science tem crescido rapidamente desde sua fundação no Japão e hoje tem mais de 20 milhões de membros em todo o globo, com templos locais em Nova York, Los Angeles, São Francisco, Tóquio, Londres, Paris, Düsseldorf, Sydney, São Paulo e Seul, dentre as principais cidades. Semanalmente o mestre Okawa ensina nos Templos da Happy Science e viaja pelo mundo dando palestras abertas ao público.

A Happy Science possui vários programas e serviços de apoio às comunidades locais e pessoas necessitadas, como programas educacionais pré e pós--escolares para jovens e serviços para idosos e pessoas com necessidades especiais. Os membros também participam de atividades sociais e beneficentes, que no passado incluíram ajuda humanitária às vítimas de terremotos na China e no Japão, levantamento de fundos para uma escola na Índia e doação de mosquiteiros para hospitais em Uganda.

Programas e Eventos

Os templos locais da Happy Science oferecem regularmente eventos, programas e seminários. Junte-se às nossas sessões de meditação, assista às nossas palestras, participe dos grupos de estudo, seminários e eventos literários. Nossos programas ajudarão você a:
- aprofundar sua compreensão do propósito e significado da vida;
- melhorar seus relacionamentos conforme você aprende a amar incondicionalmente;
- aprender a tranquilizar a mente mesmo em dias estressantes, pela prática da contemplação e da meditação;
- aprender a superar os desafios da vida e muito mais.

Seminários Internacionais

Anualmente, amigos do mundo inteiro comparecem aos nossos seminários internacionais, que ocorrem em nossos templos no Japão. Todo ano são oferecidos programas sobre diversos tópicos, entre eles "como melhorar relacionamentos praticando os Oito Corretos Caminhos para a Iluminação" e "como amar a si mesmo".

Contatos

BRASIL	www.happyscience.com.br
SÃO PAULO (Matriz)	R. Domingos de Morais 1154, Vila Mariana, São Paulo, SP, CEP 04010-100 55-11-5088-3800, sp@happy-science.org
Zona Sul	R. Domingos de Morais 1154, 1º and., Vila Mariana, São Paulo, SP, CEP 04010-100 55-11-5088-3800, sp_sul@happy-science.org
Zona Leste	R. Fernão Tavares 124, Tatuapé, São Paulo, SP, CEP 03306-030, 55-11-2295-8500, sp_leste@happy-science.org
Zona Oeste	R. Grauçá 77, Vila Sônia, São Paulo, SP, CEP 05626-020, 55-11-3061-5400, sp_oeste@happy-science.org
CAMPINAS	Rua Joana de Gusmão 187, Jardim Guanabara, Campinas, SP, CEP 13073-370 55-19-3255-3346
CAPÃO BONITO	Rua Benjamin Constant 225, Centro, Capão Bonito, SP, CEP 18300-322, 55-15-3543-2010
JUNDIAÍ	Rua Congo 447, Jd. Bonfiglioli, Jundiaí, SP, CEP 13207-340, 55-11-4587-5952, jundiai@happy-science.org
LONDRINA	Rua Piauí 399, 1º and., sala 103, Centro, Londrina, PR, CEP 86010-420, 55-43-3322-9073
SANTOS	Rua Júlio Conceição 94, Vila Mathias, Santos, SP, CEP 11015-540, 55-13-3219-4600, santos@happy-science.org

SOROCABA	Rua Dr. Álvaro Soares 195, sala 3, Centro, Sorocaba, SP, CEP 18010-190 55-15-3359-1601, sorocaba@happy-science.org
RIO DE JANEIRO	Largo do Machado 21, sala 607, Catete, Rio de Janeiro, RJ, CEP 22221-020 55-21-3689-1475, riodejaneiro@happy-science.org

INTERNACIONAL	www.happyscience.org

ÁFRICA

ACRA (Gana)	28 Samora Machel Street, Asylum Down, Acra, Gana, 233-30703-1610, ghana@happy-science.org
DURBAN (África do Sul)	55 Cowey Road, Durban 4001, África do Sul 031-2071217 031-2076765, southafrica@happy-science.org
KAMPALA (Uganda)	Plot 17 Old Kampala Road, Kampala, Uganda P.O. Box 34130, 256-78-4728601 uganda@happy-science.org, www.happyscience-uganda.org
LAGOS (Nigéria)	1st Floor, 2A Makinde Street, Alausa, Ikeja, Off Awolowo Way, Ikeja-Lagos State, Nigéria, 234-805580-2790, nigeria@happy-science.org

AMÉRICA

FLÓRIDA (EUA)	12208 N 56th St., Temple Terrace, Flórida, EUA 33617, 813-914-7771 813-914-7710, florida@happy-science.org

• CONTATOS •

HONOLULU (EUA)	1221 Kapiolani Blvd, Suite 920, Honolulu, Havaí, 96814, EUA, 1-808-591-9772, 1-808-591-9776, hi@happy-science.org, www.happyscience-hi.org
LIMA (Peru)	Av. Angamos Oeste 354, Miraflores, Lima, Peru, 51-1-9872-2600, peru@happy-science.org, www.happyscience.jp/sp
LOS ANGELES (EUA)	1590 East Del Mar Blvd., Pasadena, CA 91106, EUA, 1-626-395-7775, 1-626-395-7776, la@happy-science.org, www.happyscience-la.org
MÉXICO	Av. Insurgentes Sur 1443, Col. Insurgentes Mixcoac, México 03920, D.F. mexico@happy-science.org, www.happyscience.jp/sp
NOVA YORK (EUA)	79 Franklin Street, Nova York 10013, EUA, 1-212-343-7972, 1-212-343-7973, ny@happy-science.org, www.happyscience-ny.org
SÃO FRANCISCO (EUA)	525 Clinton St., Redwood City, CA 94062, EUA 1-650-363-2777, sf@happy-science.org, www.happyscience-sf.org
TORONTO (Canadá)	323 College St., Toronto, ON, Canadá M5T 1S2, 1-416-901-3747, toronto@happy-science.org

ÁSIA

BANCOC (Tailândia)	Entre Soi 26-28, 710/4 Sukhumvit Rd., Klongton, Klongtoey, Bancoc 10110 66-2-258-5750, 66-2-258-5749, bangkok@happy-science.org

CINGAPURA	190 Middle Road #16-05, Fortune Centre, Cingapura 188979, 65 6837 0777/ 6837 0771 65 6837 0772, singapore@happy-science.org
COLOMBO (Sri Lanka)	Nº 53, Ananda Kumaraswamy Mawatha, Colombo 7, Sri Lanka, 94-011-257-3739, srilanka@happy-science.org
HONG KONG (China)	Unit A, 3/F-A Redana Centre, 25 Yiu Wa Street, Causeway Bay, 85-2-2891-1963, hongkong@happy-science.org
KATMANDU (Nepal)	Kathmandu Metropolitan City, Ward No-9, Gaushala, Surya, Bikram Gynwali Marga, House Nº 1941, Katmandu, 977-0144-71506, nepal@happy-science.org
MANILA (Filipinas)	Gold Loop Tower A 701, Escriva Drive Ortigas Center Pasig, City 1605, Metro Manila, Filipinas, 094727 84413, philippines@happy-science.org
NOVA DÉLI (Índia)	314-319, Aggarwal Square Plaza, Plot-8, Pocket-7, Sector-12, Dwarka, Nova Déli-7S, Índia 91-11-4511-8226, newdelhi@happy-science.org
SEUL (Coreia do Sul)	162-17 Sadang3-dong, Dongjak-gu, Seul, Coreia do Sul, 82-2-3478-8777 82-2-3478-9777, korea@happy-science.org
TAIPÉ (Taiwan)	Nº 89, Lane 155, Dunhua N. Rd., Songshan District, Cidade de Taipé 105, Taiwan, 886-2-2719-9377, 886-2-2719-5570, taiwan@happy-science.org
TÓQUIO (Japão)	6F 1-6-7 Togoshi, Shinagawa, Tóquio, 142-0041, Japão, 03-6384-5770, 03-6384-5776, tokyo@happy-science.org, www.happy-science.jp

• CONTATOS •

EUROPA

DÜSSELDORF (Alemanha)	Klosterstr. 112, 40211 Düsseldorf, Alemanha web: http://hs-d.de/ 49-211-93652470, 49-211-93652471, germany@happy-science.org
FINLÂNDIA	finland@happy-science.org
LONDRES (GBR)	3 Margaret Street, London W1W 8RE, Grã-Bretanha, 44-20-7323-9255 44-20-7323-9344, eu@happy-science.org, www.happyscience-eu.org
PARIS (França)	56, rue Fondary 75015 Paris, França 33-9-5040-1110 33-9-55401110 france@happy-science.org, www.happyscience-fr.org
VIENA (Áustria)	Zentagasse 40-42/1/1b, 1050, Viena, Áustria/EU 43-1-9455604, austria-vienna@happy-science.org

OCEANIA

AUCKLAND (Nova Zelândia)	409A Manukau Road, Epsom 1023, Auckland, Nova Zelândia 64-9-6305677, 64-9-6305676, newzealand@happy-scicnce.org
SYDNEY (Austrália)	Suite 17, 71-77 Penshurst Street, Willoughby, NSW 2068, Austrália, 61-2-9967-0766 61-2-9967-0866, sydney@happy-science.org

Partido da Realização da Felicidade

O Partido da Realização da Felicidade (PRF) foi fundado no Japão em maio de 2009 pelo mestre Ryuho Okawa, como parte do Grupo Happy Science, para oferecer soluções concretas e práticas a assuntos atuais, como as ameaças militares da Coreia do Norte e da China e a recessão econômica de longo prazo. O PRF objetiva implementar reformas radicais no governo japonês, a fim de levar paz e prosperidade ao Japão. Para isso, o PRF propõe duas medidas principais:

1. Fortalecer a segurança nacional e a aliança Japão-
-EUA, que tem papel vital para a estabilidade da Ásia.
2. Melhorar a economia japonesa implementando cortes drásticos de impostos, adotando medidas monetárias facilitadoras e criando novos grandes setores.

O PRF defende que o Japão deve oferecer um modelo de nação religiosa que permita a coexistência de valores e crenças diversos, e que contribua para a paz global.

Para mais informações, visite en.hr-party.jp

Universidade Happy Science

O espírito fundador e a meta da educação

Com base na filosofia fundadora da universidade, que é de "Busca da felicidade e criação de uma nova civilização", são oferecidos educação, pesquisa e estudos para ajudar os estudantes a adquirirem profunda compreensão, assentada na crença religiosa, e uma expertise avançada, para com isso produzir "grandes talentos de virtude" que possam contribuir de maneira abrangente para servir o Japão e a comunidade internacional.

Visão geral das faculdades e departamentos
– Faculdade de Felicidade Humana, Departamento de Felicidade Humana

Nesta faculdade, os estudantes examinam as ciências humanas sob vários pontos de vista, com uma abordagem multidisciplinar, a fim de poder explorar e vislumbrar um estado ideal dos seres humanos e da sociedade.

– Faculdade de Administração de Sucesso, Departamento de Administração de Sucesso

Esta faculdade tem por objetivo tratar da administração de sucesso, ajudando entidades organizacionais de todo tipo a criar valor e riqueza para a sociedade e contribuir para a felicidade e o desenvolvimento da administração e dos empregados, assim como da sociedade como um todo.

– Faculdade da Indústria Futura, Departamento de Tecnologia Industrial

O objetivo desta faculdade é formar engenheiros capazes de resolver várias das questões enfrentadas pela civilização moderna, do ponto de vista tecnológico, contribuindo para criar novos setores no futuro.

• Universidade Happy Science •

Academia Happy Science
Escola Secundária de Primeiro e Segundo Grau

A Academia Happy Science de Primeiro e Segundo Grau é uma escola em período integral fundada com o objetivo de educar os futuros líderes do mundo para que tenham uma visão ampla, perseverem e assumam novos desafios. Hoje há dois *campi* no Japão: o Campus Sede de Nasu, na província de Tochigi, fundado em 2010, e o Campus Kansai, na província de Shiga, fundado em 2013.

Filmes da Happy Science

O mestre Okawa é criador e produtor executivo de dez filmes, que receberam vários prêmios e reconhecimento ao redor do mundo.

Títulos dos filmes:

- As Terríveis Revelações de Nostradamus (1994)
- Hermes – Ventos do Amor (1997)
- As Leis do Sol (2000)
- As Leis Douradas (2003)
- As Leis da Eternidade (2006)
- O Renascimento de Buda (2009)
- O Julgamento Final (2012)
- As Leis Místicas (2012)
- As Leis do Universo (2015)
- Estou Bem, Meu Anjo (2016)
- O Mundo em que Vivemos (2017)

As Leis Místicas

Vencedor do "**Prêmio Remi Especial do Júri 2013**" para Produções Teatrais no Festival de Cinema Internacional WorldFest de Houston

• FILMES DA HAPPY SCIENCE •

Outros Prêmios recebidos por *As Leis Místicas*:
- Festival de Cinema Internacional de Palm Beach (indicado entre os Melhores da Seleção Oficial)
- Festival de Cinema Asiático de Dallas, Seleção Oficial
- 4º Festival Anual Proctors de Animação, Seleção Oficial
- Festival Europa de Filmes Budistas, Seleção Oficial
- Festival do Filme Japonês de Hamburgo, Seleção Oficial
- MONSTRA – Festival de Animação de Lisboa, Seleção Oficial

As Leis do Universo
(Parte 0)

Estou Bem,
Meu Anjo

Outros livros de Ryuho Okawa

SÉRIE LEIS

As Leis do Sol
A Gênese e o Plano de Deus
IRH Press do Brasil

Neste livro poderoso, Ryuho Okawa revela a natureza transcendental da consciência e os segredos do nosso universo multidimensional, bem como o lugar que ocupamos nele. Ao compreender as leis naturais que regem o universo e desenvolver sabedoria pela reflexão com base nos Oito Corretos Caminhos ensinados no budismo, o autor tem como acelerar nosso eterno processo de desenvolvimento e ascensão espiritual. Também indica o caminho para se chegar à verdadeira felicidade. Edição revista e ampliada.

As Leis Douradas
O Caminho para um Despertar Espiritual
Editora Best Seller

Ao longo da história, os Grandes Espíritos Guias de Luz, como Buda Shakyamuni, Jesus Cristo, Krishna e Maomé, têm estado presentes na Terra, em momentos cruciais da história humana, para cuidar do nosso desenvolvimento espiritual. Este livro traz a visão do Supremo Espírito que rege o Grupo Espiritual da Terra, El Cantare, revelando como o plano de Deus tem sido concretizado ao longo do tempo. Depende de todos nós vencer o desafio, trabalhando juntos para ampliar a Luz.

As Leis Místicas
Transcendendo as Dimensões Espirituais
IRH Press do Brasil

A humanidade está entrando numa nova era de despertar espiritual graças a um grandioso plano, estabelecido há mais de 150 anos pelos Espíritos Superiores. Aqui são esclarecidas questões sobre espiritualidade, ocultismo, misticismo, hermetismo, possessões e fenômenos místicos, canalizações, comunicações espirituais e milagres que não foram ensinados nas escolas nem nas religiões. Você compreenderá o verdadeiro significado da vida na Terra, fortalecerá sua fé e religiosidade, despertando o poder de superar seus limites e até de manifestar milagres por meio de fenômenos sobrenaturais.

As Leis da Imortalidade
O Despertar Espiritual para uma Nova Era Espacial
IRH Press do Brasil

Milagres ocorrem de fato o tempo todo à nossa volta. Aqui, o mestre Okawa revela as verdades sobre os fenômenos espirituais e ensina que as leis espirituais eternas realmente existem, e como elas moldam o nosso planeta e os mundos além deste que conhecemos. Milagres e ocorrências espirituais dependem não só do Mundo Celestial, mas sobretudo de cada um de nós e do poder contido em nosso interior – o poder da fé.

• OUTROS LIVROS DE RYUHO OKAWA •

As Leis da Salvação
Fé e a Sociedade Futura
IRH Press do Brasil

O livro analisa o tema da fé e traz explicações relevantes para qualquer pessoa, pois ajudam a elucidar os mecanismos da vida e o que ocorre depois dela, permitindo que os seres humanos adquiram maior grau de compreensão, progresso e felicidade. Também aborda questões importantes, como a verdadeira natureza do homem enquanto ser espiritual, a necessidade da religião, a existência do bem e do mal, o papel das escolhas, a possibilidade do apocalipse, como seguir o caminho da fé e ter esperança no futuro, entre outros temas.

As Leis da Eternidade
A Revelação dos Segredos das Dimensões Espirituais do Universo
Editora Cultrix

Cada uma de nossas vidas é parte de uma série de vidas cuja realidade se assenta no outro mundo espiritual. Neste livro esclarecedor, Ryuho Okawa revela os aspectos multidimensionais do Outro Mundo, descrevendo suas dimensões, características e leis. Ele também explica por que é essencial para nós compreendermos a estrutura e a história do mundo espiritual e percebermos a razão de nossa vida – como parte da preparação para a Era Dourada que está por se iniciar.

As Leis da Felicidade
Os Quatro Princípios para uma Vida Bem-Sucedida
Editora Cultrix

Este livro é uma introdução básica aos ensinamentos de Ryuho Okawa, ilustrando o cerne de sua filosofia. O autor ensina que, se as pessoas conseguem dominar os Princípios da Felicidade – Amor, Conhecimento, Reflexão e Desenvolvimento –, elas podem fazer sua vida brilhar, tanto neste mundo como no outro, pois esses princípios são os recursos para escapar do sofrimento e que conduzem as pessoas à verdadeira felicidade.

As Leis da Sabedoria
Faça Seu Diamante Interior Brilhar
IRH Press do Brasil

Neste livro, Okawa descreve, sob diversas óticas, a sabedoria que devemos adquirir na vida.

Apresenta valiosos conceitos sobre o modo de viver, dicas para produção intelectual e os segredos da boa gestão empresarial. Depois da morte, a única coisa que o ser humano pode levar de volta consigo para o outro mundo é seu "coração". E dentro dele reside a "sabedoria", a parte que preserva o brilho de um diamante. A Iluminação na vida moderna é um processo diversificado e complexo. No entanto, o mais importante é jogar um raio de luz sobre seu modo de vida e, com seus esforços, produzir magníficos cristais durante sua preciosa passagem pela Terra.

• OUTROS LIVROS DE RYUHO OKAWA •

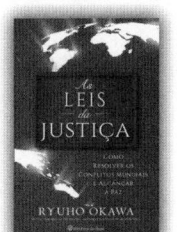

As Leis da Justiça
*Como Resolver os Conflitos Mundiais
e Alcançar a Paz*
IRH Press do Brasil

O autor afirma: "Com este livro, fui além do âmbito de um trabalho acadêmico. Em outras palavras, assumi o desafio de colocar as revelações de Deus como um tema de estudo acadêmico. Busquei formular uma imagem de como a justiça deveria ser neste mundo, vista da perspectiva de Deus ou de Buda. Para isso, fui além do conhecimento acadêmico de destacados estudiosos do Japão e do mundo, assim como do saber de primeiros-ministros e presidentes. Alguns de meus leitores sentirão nestas palavras a presença de Deus no nível global".

As Leis do Futuro
Os Sinais da Nova Era
IRH Press do Brasil

O futuro está em suas mãos. O destino não é algo imutável e pode ser alterado por seus pensamentos e suas escolhas. Tudo depende de seu despertar interior, pois só assim é possível criar um futuro brilhante. Podemos encontrar o Caminho da Vitória usando a força do pensamento para obter sucesso na vida material e espiritual. O desânimo e o fracasso são coisas que não existem de fato: não passam de lições para o nosso aprimoramento nesta escola chamada Terra. Ao ler este livro, a esperança renascerá em seu coração e você cruzará o portal para a nova era.

As Leis da Perseverança
Como Romper os Dogmas da Sociedade e Superar as Fases Difíceis da Vida
IRH Press do Brasil

Ao ler este livro, você compreenderá que pode mudar sua forma de pensar e vencer os obstáculos que os dogmas e o senso comum da sociedade colocam em nosso caminho, apoiando-se numa força que o ajudará a superar as provações: a perseverança. Nem sempre o caminho mais fácil é o correto e o mais sábio. O mestre Okawa compartilha seus segredos no uso da perseverança e do esforço para fortalecer sua mente, superar suas limitações e resistir ao longo do caminho que o conduzirá a uma vitória infalível.

As Leis da Missão
Desperte Agora para as Verdades Espirituais
IRH Press do Brasil

Estas são as leis do milagre para se viver a era do coração. São leis repletas de misericórdia, ainda que fundamentadas na sabedoria. Poucas pessoas têm consciência de que estão trilhando os tempos da Luz, porque o mundo de hoje está repleto de catástrofes e infelicidades. Por isso, o autor afirma: "Agora é a hora". Quando a humanidade está se debatendo no mais profundo sofrimento, é nesse momento que Deus está mais presente. Estas também são as leis da salvação, do amor, do perdão e da verdade. Aqui estão as respostas para suas dúvidas. Construa um túnel para perfurar a montanha da teoria.

• OUTROS LIVROS DE RYUHO OKAWA •

As Leis da Invencibilidade
Como Desenvolver uma Mente Estratégica e Gerencial
IRH Press do Brasil

O autor desenvolveu uma filosofia sobre a felicidade que se estende ao longo desta vida e prossegue na vida após a morte. Seus fundamentos são os mesmos do budismo, que diz que o estado mental que mantivermos nesta vida irá determinar nosso destino no outro mundo. Ryuho Okawa afirma: "Desejo fervorosamente que todas as pessoas alcancem a verdadeira felicidade neste mundo e que ela persista na vida após a morte. Um intenso sentimento meu está contido na palavra 'invencibilidade'. Espero que este livro dê coragem e sabedoria àqueles que o leem hoje e às pessoas das gerações futuras".

SÉRIE ENTREVISTAS ESPIRITUAIS

Mensagens do Céu
Revelações de Jesus, Buda, Moisés e Maomé para o Mundo Moderno
IRH Press do Brasil

Okawa compartilha as mensagens desses quatro espíritos, recebidas por comunicação espiritual, e o que eles desejam que as pessoas da presente época saibam. Jesus envia mensagens de amor, fé e perdão; Buda ensina sobre o "eu" interior, perseverança, sucesso e iluminação na vida terrena; Moisés explora o sentido da retidão, do pecado e da justiça; e Maomé trata de questões sobre a tolerância, a fé e os milagres. Você compreenderá como esses líderes religiosos influenciaram a humanidade ao expor sua visão a respeito das Verdades Universais e por que cada um deles era um mensageiro de Deus empenhado em guiar as pessoas.

A Última Mensagem de Nelson Mandela para o Mundo
Uma Conversa com Madiba Seis Horas Após Sua Morte
IRH Press do Brasil

Nelson Mandela, conhecido como Madiba, veio até o mestre Okawa seis horas após seu falecimento e transmitiu sua última mensagem de amor e justiça para todos, antes de retornar ao Mundo Espiritual. Porém, a revelação mais surpreendente deste livro é que Mandela é um Grande Anjo de Luz, trazido a este mundo para promover a justiça divina, e que, no passado remoto, foi um grande herói da Bíblia.

A Verdade sobre o Massacre de Nanquim
Revelações de Iris Chang
IRH Press do Brasil

Iris Chang, jornalista norte-americana de ascendência chinesa, ganhou notoriedade após lançar, em 1997, *O Estupro de Nanquim*, em que denuncia as atrocidades cometidas pelo Exército Imperial Japonês durante a Guerra Sino-Japonesa, em 1938-39. Foi a partir da publicação da obra que a expressão "Mas-

• Outros livros de Ryuho Okawa •

sacre de Nanquim" passou a ser conhecida e recentemente voltou à tona, espalhando-se depressa dos Estados Unidos para o mundo. Atualmente, porém, essas afirmações vêm sendo questionadas. Para esclarecer o assunto, Okawa invocou o espírito da jornalista dez anos após sua morte e revela, aqui, o estado de Chang à época de sua morte e a grande possibilidade de uma conspiração por trás de seu livro.

Mensagens de Jesus Cristo
A Ressurreição do Amor
Editora Cultrix

Assim como muitos outros Espíritos Superiores, Jesus Cristo tem transmitido diversas mensagens espirituais ao mestre Okawa, cujo objetivo é orientar a humanidade e despertá-la para uma nova era de espiritualidade.

Walt Disney
Os Segredos da Magia que Encanta as Pessoas
IRH Press do Brasil

Walt Disney foi o criador de Mickey Mouse e fundador do império conhecido como Disney World; lançou diversos desenhos animados que obtiveram reconhecimento global e, graças à sua atuação diversificada, estabeleceu uma base sólida para os vários empreendimentos de entretenimento. Nesta entrevista espiritual, ele nos revela os segredos do sucesso que o consagrou como um dos mais bem-sucedidos empresários da área de entretenimento do mundo contemporâneo.

O Próximo Grande Despertar
Um Renascimento Espiritual
IRH Press do Brasil

Esta obra traz revelações surpreendentes, que podem desafiar suas crenças. São mensagens transmitidas pelos Espíritos Superiores ao mestre Okawa, para que você compreenda a verdade sobre o que chamamos de "realidade". Se você ainda não está convencido de que há muito mais coisas do que aquilo que podemos ver, ouvir, tocar e experimentar; se você ainda não está certo de que os Espíritos Superiores, os Anjos da Guarda e os alienígenas existem aqui na Terra, então leia este livro.

Série Autoajuda

THINK BIG – Pense Grande
O Poder para Criar o Seu Futuro
IRH Press do Brasil

Tudo na vida das pessoas manifesta-se de acordo com o pensamento que elas mantêm diariamente em seu coração. A ação começa dentro da mente. A capacidade de criar de cada pessoa limita-se à sua capacidade de pensar. Ao conhecermos a Verdade sobre o poder do pensamento, teremos em nossas mãos o poder da prosperidade, da felicidade, da saúde e da liberdade de seguir nossos rumos, independentemente das coisas que nos prendem a este mundo material. Com este livro, você aprenderá o verdadeiro significado do Pensamento Positivo e como

• Outros livros de Ryuho Okawa •

usá-lo de forma efetiva para concretizar seus sonhos. Leia e descubra como ser positivo, corajoso e realizar seus sonhos.

Estou Bem!
7 Passos para uma Vida Feliz
IRH Press do Brasil

Diferentemente dos textos de autoajuda escritos no Ocidente, este livro traz filosofias universais que irão atender às necessidades de qualquer pessoa. Um tesouro repleto de reflexões que transcendem as diferenças culturais, geográficas, religiosas e raciais. É uma fonte de inspiração e transformação que dá instruções concretas para uma vida feliz. Seguindo os passos deste livro, você poderá dizer: "Estou bem!" com convicção e um sorriso amplo, onde quer que esteja e diante de qualquer circunstância que a vida lhe apresente.

Pensamento Vencedor
Estratégia para Transformar o Fracasso em Sucesso
Editora Cultrix

A vida pode ser comparada à construção de um túnel, pois muitas vezes temos a impressão de ter pela frente como obstáculo uma rocha sólida. O pensamento vencedor opera como uma poderosa broca, capaz de perfurar essa rocha. Quando praticamos esse tipo de pensamento, nunca nos sentimos derrotados em nossa vida. Esse pensamento baseia-se nos ensinamentos de reflexão e desenvolvimento necessários para superar as dificuldades da vida e obter prosperidade. Ao ler, saborear e estudar a filosofia contida neste livro e colocá-la em prática, você será capaz de declarar que não existe essa coisa chamada derrota – só existe o sucesso.

Mude Sua Vida, Mude o Mundo
Um Guia Espiritual para Viver Agora
IRH Press do Brasil

Este livro é uma mensagem de esperança, que contém a solução para o estado de crise em que nos encontramos hoje, quando a guerra, o terrorismo e os desastres econômicos provocam dor e sofrimento por todos os continentes. É um chamado para nos fazer despertar para a Verdade de nossa ascendência, para que todos nós, como irmãos, possamos reconstruir o planeta e transformá-lo numa terra de paz, prosperidade e felicidade.

Trabalho e Amor
Como Construir uma Carreira Brilhante
IRH Press do Brasil

O sucesso no trabalho pode trazer muita alegria. Mas só encontramos verdadeiro prazer ao cumprir nossa vocação com paixão e propósito – então, nosso sucesso é abençoado de verdade. Quando cumprimos nossa vocação, conseguimos superar todos os obstáculos, pois sabemos que nosso trabalho confere valor à vida dos outros e traz sentido e satisfação para a nossa vida. Aqui, Okawa introduz dez princípios para você desenvolver sua vocação e conferir valor, propósito e uma devoção de coração ao trabalho com o qual sempre sonhou. Você irá desco-

• Outros livros de Ryuho Okawa •

brir princípios que propiciam: trabalho de alto nível; avanço na carreira; atitude mental voltada para o desenvolvimento e a liderança; poder do descanso e do relaxamento; liberação do verdadeiro potencial; saúde e vitalidade duradouras.

A Mente Inabalável
Como Superar as Dificuldades da Vida
IRH Press do Brasil

Muitas vezes somos incapazes de lidar com os obstáculos da vida, sejam eles problemas pessoais ou profissionais, tragédias inesperadas ou dificuldades que nos acompanham há tempos. Para o autor, a melhor solução para tais situações é ter uma mente inabalável. Neste livro, ele descreve maneiras de adquirir confiança em si mesmo e alcançar o crescimento espiritual, adotando como base uma perspectiva espiritual.

O milagre da meditação
Conquiste Paz, Alegria e Poder Interior
IRH Press do Brasil

A meditação pode abrir sua mente para o potencial de transformação que existe dentro de você e conecta sua alma à sabedoria celestial – tudo pela força da fé. Este livro combina o poder da fé e a prática da meditação para ajudá-lo a conquistar paz interior, descobrir sua natureza divina, encontrar seu "eu" ideal e cultivar uma vida com propósitos firmes de altruísmo e compaixão. Você vai aprender métodos para:
• acalmar seu coração e sentir paz interior;

- superar a raiva, a ansiedade, a angústia e o medo;
- criar uma profunda consciência sobre o significado da vida;
- compreender o propósito e o significado de seus problemas;
- criar um futuro brilhante nos relacionamentos e em sua carreira profissional;
- alcançar objetivos e realizar seus sonhos de vida.

SÉRIE FELICIDADE

O Caminho da Felicidade
Torne-se um Anjo na Terra
IRH Press do Brasil

Aqui se encontra a íntegra dos ensinamentos das Verdades espirituais transmitidas por Ryuho Okawa e que serve de introdução aos que buscam o aperfeiçoamento espiritual. Okawa apresenta "Verdades Universais" que podem transformar sua vida e conduzi-lo para o caminho da felicidade. A sabedoria contida neste livro é intensa e profunda, porém simples, e pode ajudar a humanidade a alcançar uma era de paz e harmonia na Terra.

Manifesto do Partido da Realização da Felicidade
Um Projeto para o Futuro de uma Nação
IRH Press do Brasil

Nesta obra, o autor declara: "Devemos mobilizar o potencial das pessoas que reconhecem a existência de Deus e de Buda, além de acreditar na Verdade, e trabalhar para construir uma utopia mundial. Devemos fazer

• Outros livros de Ryuho Okawa •

do Japão o ponto de partida de nossas atividades políticas e causar impacto no mundo todo". Iremos nos afastar das forças políticas que trazem infelicidade à humanidade, criar um terreno sólido para a verdade e, com base nela, administrar o Estado e conduzir a política do país.

Ame, Nutra e Perdoe
Um Guia Capaz de Iluminar Sua Vida
IRH Press do Brasil

O autor traz uma filosofia de vida na qual revela os segredos para o crescimento espiritual através dos Estágios do amor. Cada estágio representa um nível de elevação no desenvolvimento espiritual. O objetivo do aprimoramento da alma humana na Terra é progredir por esses estágios e desenvolver uma nova visão do maior poder espiritual concedido aos seres humanos: o amor.

A Essência de Buda
*O Caminho da Iluminação
e da Espiritualidade Superior*
IRH Press do Brasil

Este guia mostra como viver com um verdadeiro propósito. Traz uma visão contemporânea do caminho que vai muito além do budismo, para orientar os que estão em busca da iluminação e da espiritualidade. Você descobrirá que os fundamentos espiritualistas, tão difundidos hoje, na verdade foram ensinados por Buda Shakyamuni e fazem parte do budismo, como os Oito Corretos Caminhos, as Seis Perfeições e a Lei de Causa e Efeito e o Carma, entre outros.

Convite à Felicidade
7 Inspirações do Seu Anjo Interior
IRH Press do Brasil

Este livro convida você a ter uma vida mais autêntica e satisfatória. Em suas páginas, você vai encontrar métodos práticos que o ajudarão a criar novos hábitos e levar uma vida mais despreocupada, completa e espiritualizada. Por meio de sete inspirações, você será guiado até o anjo que existe em seu interior – a força que o ajuda a obter coragem e inspiração e ser verdadeiro consigo mesmo. Você vai compreender qual é a base necessária para viver com mais confiança, tranquilidade e sabedoria:
- exercícios de meditação, reflexão e concentração respiratória fáceis de usar;
- visualizações orientadas para criar uma vida melhor e obter paz em seu coração;
- espaços para você anotar as inspirações recebidas do seu anjo interior;
- dicas para compreender como fazer a contemplação;
- planos de ação simples, explicados passo a passo.

As Chaves da Felicidade
Os 10 Princípios para Manifestar a Sua Natureza Divina
Editora Cultrix

Neste livro, o mestre Okawa mostra de forma simples e prática como podemos desenvolver nossa vida de forma brilhante e feliz neste mundo e no outro.

• OUTROS LIVROS DE RYUHO OKAWA •

O autor ensina os dez princípios básicos – Felicidade, Amor, Coração, Iluminação, Desenvolvimento, Conhecimento, Utopia, Salvação, Reflexão e Oração – que servem de bússola para nosso crescimento espiritual e felicidade.

O Ponto de Partida da Felicidade
Um Guia Prático e Intuitivo para Descobrir o Amor, a Sabedoria e a Fé
Editora Cultrix

Neste livro, Okawa ilustra como podemos obter a felicidade e levar a vida com um propósito. Como seres humanos, viemos a este mundo sem nada e sem nada o deixaremos. Podemos nos dedicar à aquisição de propriedades e bens materiais ou buscar o verdadeiro caminho da felicidade – construído com o amor que dá, que acolhe a luz. Okawa nos mostra como alcançar a felicidade e ter uma vida plena de sentido.

Curando a Si Mesmo
A Verdadeira Relação entre Corpo e Espírito
Editora Cultrix

O autor revela as verdadeiras causas das doenças e os remédios para várias delas, que a medicina moderna ainda não consegue curar, oferecendo não apenas conselhos espirituais, mas também de natureza prática. Seguindo os passos aqui sugeridos, sua vida mudará completamente e você descobrirá a verdade sobre a mente e o corpo. Este livro contém revelações sobre o funcionamento da possessão espiritual e como podemos nos livrar dela; mostra os segredos do funcionamento da alma e como o corpo humano está ligado ao plano espiritual.

A Verdade sobre o Mundo Espiritual
Guia para uma vida feliz
IRH Press do Brasil

Este livro abrange todo tipo de conhecimento espiritual e pode ser considerado um manual valiosíssimo para encorajar você a dar um passo adiante e explorar esse verdadeiro país das maravilhas que é o mundo espiritual. Espero de coração que as informações contidas neste livro se tornem senso comum no século XXI. Escrito no formato de perguntas e respostas, este livro vai ajudá-lo a compreender questões importantes como:
- O que acontece com as pessoas depois que morrem?
- Qual é a verdadeira forma do Céu e do Inferno?
- O que é preciso fazer para voltar para o Céu depois da morte?
- Se Deus existe, por que Ele não destrói o Inferno?
- O tempo de vida de uma pessoa está predeterminado?